독학은 어떻게 삶의 무기가 되는가

일러두기

제5장의 추천 도서 중 국내에서 출간된 도서는 국내 출간 제목과 원서명을 함께 병기하고, 가장 최근에 출간한 출판사의 이름을 밝혔습니다. 아직 국내에서 출간되지 않은 책은 번역 제목과 원서명을 함께 병기하고 '국내 미출간'임을 밝혔습니다.

지적 전투력을 높이는
독학의 기술

독학은 어떻게 삶의 무기가 되는가

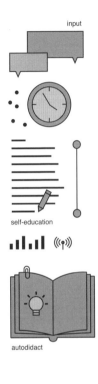

input

self-education

autodidact

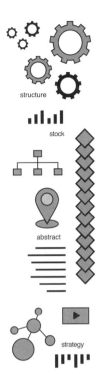

structure

stock

abstract

strategy

야마구치 슈 지음
김지영 옮김

앳워크

이 책의 목적은 지적 전투력을 향상시키기 위한 '독학의 기술'을 독자들에게 전하는 것이다.

나는 20대를 대기업 광고 대리점에서, 30대를 외국계 전략 컨설팅 회사에서 보냈고, 40대에 들어와서는 조직과 인재 관리를 전문으로 하는 외국계 컨설팅 회사에서 일하고 있다. 또 30대 중반 이후부터는 본업 이외에 경영대학원을 비롯, 다양한 교육 및 연수 기관에서 강연하면서 여러 권의 책을 집필했고, 개인적으로 인재 육성과 철학 공부 워크숍도 하고 있다.

그런데 의외라고 생각할지 모르겠지만, 지금 내가 하는 일에 필요하다고 생각되는 마케팅이나 경영학, 조직론, 심리학 같은 학문을 학교에서 정식으로 배운 적은 한 번도 없다. 즉, 모두 독학으로 얻은 지식으로 일하고 있는 셈이다.

나는 대학에서 철학과 미술사를 전공했다. 미술사라고 하면 어떤 것을 배우는지 낯선 사람들도 많을 것이다. 미술사는 회화나 조각, 건축과 같은 예술이 역사적으로 어떻게 변화해왔는지, 그리고 그 변화가 사람이나 사회의 변화와는 어떻게 관련되는지를 탐구하는 학문이다. 철학이나 미술은 모두 이른바 '교양'이라는 영역에 포함되는 학문이다. 이 교양이 현대를 사는 우리의 '지적 전투력'에 어떻게 기여하는지에 대해서는 이 책에서 다시 살펴볼 것이지만, 어쨌든 비즈니스와 관련된 직접적 유용성이라는 관점에서 생각해보면 어쩌면 가장 도움이 되지 않는 학문의 대표라고 해도 좋을지 모른다.

그런 학문을 계속 공부해왔고, 경영학 같은 이른바 실천적인 학문을 정식으로 교육받아본 적도 없는 내가 20대에는 광고 회사에서 마케팅 전략을 만들었고, 30대에는 다양한 기업 매수 안건에 대한 기업 실사나 신규 사업 전략을 수립했으며, 현재는 일본을 대표하는 기업의 조직 개발과 인재 육성을 지원하는 일을 하고 있다.

내가 이처럼 전공과는 거리가 먼 직업 경로를 걸을 수 있었던 것은 전적으로 독학 덕분이다. 이 책에서는 나 자신이 시행착오를 겪으며 구축한 독학의 기술 체계를 독자 여러분과 공유할 것이다.

독학을 시스템으로 인식한다

먼저 가장 중요한 것은 독학을 시스템으로 이미지화하는 것이다. 독학은 크게 '전략, 인풋, 추상화 및 구조화, 축적'의 네 가지 모듈로 이루어진 시스템이라고 생각한다. 세상에는 독학에 관한 많은 책이 있지만, 이런 책들은 '독학의 기술'이라기보다는 독서술이나 도서관 이용술이라고 해야 할 것 같다. 독학 시스템에서 '인풋' 항목밖에 다루지 않는 것이다. 그러나 '지적 전투력의 향상'을 위해 독학을 하고자 한다면, 독학을 전체적인 시스템으로 바라보는 과정이 필요하다.

인풋만으로는 아웃풋이 되지 않는다. 아무리 인풋의 양이 많더라도 추상화와 구조화를 할 수 없으면 '만물박사'는 될 수 있을지 모르지만, 상황에 따라 지식을 적용할 수 있는 유연한 지식 운용은 어렵다. 또 추상화와 구조화에 성공하더라도 그 내용을 효율적으로 정리하고 축적해 상황에 따라 자유자재로 끌어내 사용할 수 없다면 역시 지적 전투력의 향상은 불가능하다.

지적 전투력은 신체 능력과 마찬가지로 순발력과 지구력을 모두 요구한다. 만약 인풋된 정보를 급박한 상황에서 끌어낼 수 없다면 순발력에서 뒤처질 수밖에 없다.

인간은 인풋된 정보의 90퍼센트 이상은 망각하게 된다. 이 망각을 막을 방법은 없다. 지적 전투력의 향상을 도모하고자 한다면 "인풋된 내용의 90퍼센트는 망각한다"라는 것을 전제로 하고 상황에 따라 과거에 인풋되었지만 잊어버린 정보를 적절하게 꺼내 활용하는 데 집중해야 한다.

독학의 기술이 인풋의 기술이 아닌 것은 바로 이 때문이다. 다양한 분야에서 혁신이 진행되어 지식의 감가상각이 급속하게 일어나는 오늘날의 세상에서는 고정적인 지식을 획득하기 위한 독학법은 부담만 클 뿐 그다지 도움이 되지 않는다. 오늘날 인풋된 지식의 대부분은 짧은 기간 안에 '지식으로서의 전성기'가 지나버리기 때문이다. 이 책이 독학법을 다룬 다른 책들과 다른 점은 바로 이 지점이다. 이 책은 독학을 '동적인 시스템'으로서 파악함으로써 철저하게 '지적 전투력'을 높이는 목적으로 썼다.

'기억하는 것'이 목표가 아니다

독학을 동적인 시스템으로 파악하면 필연적으로 이런 결론이 나온다. 바로 "독학의 기술은 기억하는 것을 목표로 하지 않는다"는 것이다.

아마 많은 사람들은 '높은 지적 전투력'을 방대한 지식량이라고 생각할 것이다. 그러나 이렇게 생각해보자. '기억한다'는 것은 인풋한 정보를 묵혀둔다는 말이기도 하다. 한 번 인풋한 정보를 오랜 세월에 걸쳐 활용할 수 있을 만큼 변화가 적은 사회라면 이 방법이 기능을 발휘했을지도 모른다. 그러나 현재는 엄청난 변화의 시대다. 인풋된 지식 중 상당 부분이 지극히 짧은 시간 안에 시대에 뒤떨어져 효용을 잃게 된다.

'기억하지 않는 것'을 전제로 했다면 다음으로 중요한 것은 '뇌의 외부화'다. 이는 한 번 인풋한 정보를 나름대로 추상화 및 구조화한 후에 정리해 축적하는 것을 의미한다. 즉, 일단 인풋한 정보를 핵심만을 추려내 통째로 바깥에 내놓는 것이다. 이때 추출한 핵심을 축적하는 장소는 외부의 디지털 스토리지이며, 뇌는 인풋된 정보의 추상화 및 구조화에 초점을 맞춘다. 그럼으로써 '기억하는 것'에 시간을 낭비하지 않고 지적 전투력을 향상시키는 것이 이 시스템의 핵심이다.

수많은 혁신을 주도해온 MIT(매사추세츠공과대학) 미디어연구소를 설립한 니콜라스 네그로폰테는 이렇게 말한 바 있다.

"'앎'이라는 것은 시대에 뒤처지고 있다."

중세시대에 '지식'이란 교회 도서관에 보관된 책에 잉크로 쓴 정보였다. 이 지식을 획득하기 위해서는 당시 귀중품이었던 책에 물리적으로 접근할 수 있어야만 했다. 그러나 그럴 수 있는 사람은 극히 소수였고, 그 소수의 사람은 '정보에 접근할 수 있다'는 이유로 큰 권력을 가지게 되었다. 즉, 이 시대에 '앎'이라는 것은 책을 읽고, 지식을 머릿속에 쌓는 것이었다. 이는 오늘날에도 대부분 '앎'이라고 할 때 떠올리는 이미지이기도 하다.

그러나 오늘날 모든 지식은 누구나 자유롭게 접근할 수 있는 인터넷상에 존재한다. 우리는 인터넷이라는 거대한 '글로벌 브레인'에 언제라도 접속할 수 있는 세계에 살고 있다. 네그로폰테의 메시지는 이러한 세계에서 '앎', 즉 지식을 두뇌 안에 축적하는 것이 무엇을 뜻하는지에 대해 다시 생각해야 할 때가 왔다는 걸 의미한다.

그래서 이 책의 목적은 그야말로 '앎'이 뒤처지는 시대에 새로운 독학의 방식을 모색하는 것이다.

지금 '독학'이 필요한 네 가지 이유

'독학의 기술'이 지금처럼 요구되는 시대는 없다. 그 이유는 크게 네 가지로 정리할 수 있다.

첫째, 학교에서 배운 지식은 급속히 시대에 뒤떨어지고 있다

쉽게 말하자면, 배운 지식이 부를 생산해내는 기간이 점점 짧아지고 있다는 것이다. 예를 들어 마케팅에 대해 생각해보자. 불과 10년 전까지만 해도 경영대학원에서 가르치는 마케팅 이론은 필립 코틀러를 시조로 하는 고전적인 마케팅 프레임워크였다. 즉, 시장을 분석해 세분화하고, 타깃 고객에 맞추어 포지셔닝을 한 뒤 제품Product, 가격Price, 유통Place, 판매촉진Promotion 등의 4P를 분석하는 것이었다.

30대 중반, 경영대학원에서 마케팅을 가르칠 때도 기본적으로 이런 틀에 기반하고 있었다. 그러나 이런 프레임워크는 오늘날 엄청나게 빠른 속도로 시대에 뒤처지고 있다. 예전 같으면 학교에서 배운 지식은 전문가로서의 지적 기반으로 평생의 커리어를 지탱하는 큰 무기가 되었다. 하지만 이제 이런 지식이 잘 먹히는 이른바 '전성기'가 점점 짧아지고 있다.

지금 세상에서는 과거에 배운 지식을 점점 줄여나가면서 끊임없이 새로운 지식을 주입할 필요가 있다. 따라서 독학의 기술이 얼마나 중요할지는 쉽게 짐작할 수 있다.

둘째, 지금의 구조를 근본부터 뒤집는 혁신의 시대가 도래했다

현대 사회는 '산업 증발의 시대'다. 오늘날 많은 산업 분야와 기업에서 '혁신'이 화두가 되고 있다. 그런데 이 혁신을 목표로 한다면서도 혁신이 이루어지면 어떤 일이 일어나는지에 대해서는 별로 생각하지 않는다. 혁신의 귀결은 '산업의 증발'이라는 사태다.

혁신이란 지금까지의 가치 구조를 근본부터 뒤집는 변혁을 가리킨다. 즉, 혁신이 일어나면 기업이 지금까지 해왔던 비즈니스가 증발해 소멸하고 만다. 많은 영역에서 혁신이 가속화되면서 이를 해내지 못한 기업이나 산업이 한꺼번에 증발해버리는 사태가 벌어진다.

그 대표적인 예가 스마트폰 시장에 애플이 뛰어든 사건이다.

그림 1 일본 내 휴대전화 출하 대수의 점유율(2007년 전체 기준)

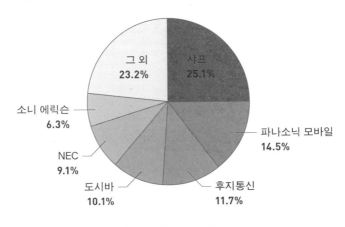

출처: 주식회사 MM총연

애플이 최초의 스마트폰인 아이폰이라는 혁신적인 제품으로 휴대전화 시장에 진입한 것은 2007년의 일이다. 그 시점에서 일본 내 휴대전화 시장의 브랜드별 점유율은 [그림 1]과 같은 상황이었다. 불과 몇 년 후, 이 점유율 중 거의 반을 애플이 빼앗아간다. 샤프, 후지통신은 큰 폭으로 점유율이 하락했고, 파나소닉, 도시바, NEC는 휴대전화 시장에서 철수할 수밖에 없었다. 피처폰에서 스마트폰으로 급격한 이동이 발생한 결과, 당시 30~40조 원에 이르렀던 피처폰이라는 거대한 산업이 단지 몇 년 사이에 그야말로 '증발'해버린 것이다.

이처럼 혁신의 결과로 산업구조의 급격한 변화가 일어나면 그 산업에 종사하던 많은 사람은 본인의 의사와 상관없이 자신의 전문 영역이나 커리어를 변경해야 하는 상황에 처하게 된다. 이때 '독학의 기술'을 익힌 사람과 그렇지 않은 사람 사이에는 큰 차이가 생길 것이 당연하다.

셋째, 노동 기간은 길어지고 기업의 전성기는 짧아진다

오늘날 개인의 커리어에서 매우 중요한 두 가지의 변화가 일어나고 있다. 하나는 은퇴 연령의 연장이다. 런던 대학의 린다 그래튼 교수는 《100세 인생》에서 인간의 평균 수명이 100세가 되는 시대에는 현역으로 활동하는 기간도 길어지게 된다고 분석했다. 지금까지 60세 전후였던 은퇴 연령이 70~80세가 된다는 말이다. 이것이 첫 번째 변화다.

두 번째 변화는 기업과 산업의 '전성기 수명'이 짧아지고 있다는 것이다. 회사의 수명에 대해서는 여러 가지 산출방법이 있지만, 중요한 것은 순수한 의미에서의 수명, 즉 단순히 '망하기까지의 기간'이 아니다. 활력을 유지하면서 사회적인 존재감을 나타내는 시간을 얼마나 지속하느냐 하는 '전성기 수명'이 중요하다. 그리고 다양한 통계는 이 전성기 수명이 짧아지고 있다는 것을 시사하고 있다.

《닛케이 비즈니스》가 제국 데이터뱅크와 공동으로 실시한 조사 결과에 따르면 활력을 유지하면서 사업을 지속하고 있는, 즉 전성기인 기업 가운데 10년 후에도 이를 유지할 수 있는 것은 절반 정도이며, 20년 후가 되면 10퍼센트 정도밖에 남지 않는다는 것이 증명되었다. 즉, 기업이나 사업의 '전성기'는 대략 10년 정도라는 것이다.

한편 우리의 노동 연령은 늘어나는 경향이라 앞으로는 많은 사람이 50~60년이라는 긴 시간을 현역으로 일하게 될 것으로 예측된다. 기업이나 산업의 전성기 기간은 짧아지는 반면 우리 생애에서 노동 기간은 길어지는 것이다. 종합해서 생각해보면, 향후 직장인의 상당수는 본인의 직업 인생에서 큰 변화를 체험할 수밖에 없다는 뜻이다.

이때 파도타기를 하듯 전성기인 산업과 기업의 물마루를 잘 갈아탈 수 있는 사람과 파도에 휩쓸려버리는 사람 사이에는 총체적인 인생의 풍요로움에서 큰 격차가 날 수밖에 없다. 여기에서 인생의 풍요로움이란 그 사람이 누릴 수 있는 업무의 보람, 경제적 보수, 정신적 안정과 같은 것을 뜻한다. 이러한 사회에서 독학의 기술이 중요한 이유는 명확할 것이다.

넷째, 두 개의 영역을 아우르고 결합할 수 있는 지식이 필요한 시대가 되었다

현대 사회는 또한 영역을 넘나드는 크로스오버 인재가 필요한 시대다. 요즈음 인재 육성이나 조직 개발 영역에서 자주 언급되는 것이 파이π형 인재의 중요성이다. 파이형 인재란 글자 그대로

'두 개 영역의 스페셜리스트로서의 깊은 전문성'이 '제너럴리스트로서의 폭넓은 지식'을 떠받치고 있는 인재를 말한다.

오늘날의 비즈니스에서는 다양한 전문 영역이 서로 밀접하게 관련되어 있다. 이러한 세계에서 전문성만을 믿고 자기만의 세계에 틀어박힌 인재로 구성된 팀은 당연히 혁신을 추진할 수 없다. 혁신이라는 개념을 만들어낸 슘페터가 지적한 대로, 혁신은 항상 '새로운 결합'에 의해서만 이룩할 수 있기 때문이다. 이 새로운 결합을 위해서는 지금까지 이질적인 것으로 여겨졌던 두 개의 영역을 아울러 이것들을 연결할 수 있는 인재가 필요하다. 이것이 바로 크로스오버 인재다.

여기에서 파이형 인재에게 필요한 다양한 영역에 걸친 광범위한 지식은 독학으로 익힐 수밖에 없다. 현재 고등교육기관은 대부분 기본적으로 '전문가 육성'을 목표로 하여 커리큘럼을 짜고 있기 때문이다. 오늘날 영역을 아우르는 인재가 부족하다는 목소리가 여기저기에서 들린다. 이는 우리 사회의 구조가 그런 인재를 낳고 있지 못하다는 뜻이기도 하다.

이런 맥락에서 미국의 하버드 대학이나 스탠퍼드 대학은 이른바 교양 교육을 중시한 커리큘럼을 만들고 있다. 하지만 이미 대학을 졸업한 사람이 이처럼 광범위한 지식과 견문을 얻으려고 한다면 독학밖에는 방법이 없다.

지적인 혁명가가 요구되는 시대

지금까지 우리에게 왜 독학의 기술이 필요한지에 대해 살펴보았다. 마지막으로 한 가지만 언급하고 싶다. 바로 앞으로의 사회에서는 '지적인 혁명가'가 요구된다는 점이다.

현대 사회의 다양한 영역에서 발생하고 있는 피로를 극복하기 위해서는 이미 피로한 상태인 현행 시스템을 전제로 한 지식이 아니라 더 본질적이고 단단한 뼈대를 이루는 지성이 요구된다. 그리고 이러한 지성을 육성하기 위해서는 독학의 기술이 반드시 필요하다.

예를 들어 경영학은 전형적인 '시스템을 전제로 한 지식'이다. 오늘날의 경영학은 현대 세계가 존재하는 상태를 전제로 하여 그 안에서 어떻게 잘해나갈까를 연구하는 학문이다. 연구의 목적도 알기 쉽다. 조직이라면 시가총액을 올리고, 개인이라면 지위나 연봉을 높이는 것이다.

그러나 이 학문을 배운 후 사회를 보다 좋은 곳으로 만들어가기 위한 지적 무기가 손에 들어오느냐 하면 그것은 또 다른 이야기다. 오히려 현재 시스템이 안고 있는 문제점을 더 단단하게 고착시켜버리고 만다. 경영학이란 얼마나 현재의 시스템에 최적화할 수 있는가를 연구하는 학문이기 때문에 적용하면 할수록 현재 시스템의 존재 상태를 변혁해서 얻는 이득을 감쇄해버린다.

그렇다면 이렇게 시스템을 전제로 하지 않는 지식에는 어떤 것이 있을까? 바로 철학이다. 철학은 시스템을 비판적으로 고찰하는 기술의 체계이기 때문이다. 시스템을 '기본 전제'로 하지 않고 자신이 의거하고 있는 시스템 자체를 비판적으로 고찰하고, 경우에 따라 시스템의 변경이나 교체를 제언할 수 있다. 이렇게 보면, 철학과 경영학 중 어느 쪽이 지적인 혁명가에게 요구되는 지적 전투력으로 연결될지는 쉽게 알 수 있다.

나는 이 책을 통해 내가 구축한 독학의 기술을 널리 퍼뜨려 기업 안에서 사회 변혁을 이끌어가는 많은 지적인 혁명가를 육성하고 싶다. 제2차 세계대전 중 미국은 추축국(樞軸國: 연합국과 싸웠던 나라들이 형성한 국제동맹으로, 독일, 이탈리아, 일본이 중심이었다 - 옮긴이) 지배하에 있는 나라들의 저항운동을 지원하기 위해 하늘에서 100만 정이 넘는 총기를 뿌렸다. 내가 하고 싶은 것이 바로 이것이다. 이 책을 통해 독학의 계기를 얻은 사람이 마침내 사회의 변혁을 견인하는 리더가 되어준다면 그 이상의 기쁨은 없을 것이다.

"테크놀로지는 아무래도 필연적으로 전문화를 요구한다. (중략) 만약 교양이라는 개념을, 과학적 지식을 전문화해나가는 과정과 대립한다고 생각해보면 승부의 향방은 명확하다. 그것은 교양 쪽의 패배일 수밖에 없다. 그러나 교양이라고 하는 것은 전문 영역의 사이를 움직일 때, 즉 경계를 크로스오버할 때 자유롭고 유연한 정신의 운동을 가능하게 한다. 전문화가 진행될수록 전문성의 경계를 넘어 움직일 수 있는 정신 능력이 중요해진다. 그 능력을 부여하는 유일한 것이 교양이다. 그러므로 과학적인 지식과 기술, 교육이 진행되면 진행될수록 교양이 필요해지는 것이다."

가토 슈이치·노마 필드·서경식, 《교양, 모든 것의 시작》

차례

제2장   인풋

**쓰레기를 삼키지 않으면서
아웃풋을 극대화하는 법**

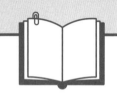

제3장   추상화 및 구조화
지식을 사용할 수 있는 무기로 바꾸는 법

제4장   축적
창조성을 높이는 지적 생산 시스템

제5장 왜 교양이 '지식의 무기'가 되는가?

지적 전투력을 높이기 위해 추천하는
11개 장르, 99권의 책

제 0 장

지적 생산을
최대화하는
독학의 메커니즘

"배우기만 하고 생각하지 않으면 얻는 것이 없고,
생각하기만 하고 배우지 않으면 위태로워진다."

공자, 《논어》

독학을 효과적으로 만드는
네 개의 모듈

이 장에서는 독학을 구성하는 네 개의 모듈과 그것들이 전체적으로 어떻게 지적 전투력의 향상으로 연결되는지, 즉 '독학의 메커니즘'에 대해 설명해보려고 한다.

앞서 설명했듯 독학은 크게 전략 → 인풋 → 추상화 및 구조화 → 축적이라는 흐름에 의해 형성된다. 하나씩 살펴보겠다.

전략

어떤 테마에 대해 지적 전투력을 높이고 싶은지 그 방향성을 생각하는 것

인풋

전략의 방향성에 근거해 책과 기타 정보 소스로부터 정보를 획득하는 것

추상화 및 구조화

인풋한 지식을 추상화하고 다른 것들과 연결짓는 것으로, 나름의 독특한 시사점, 통찰력, 깨달음을 만들어내는 것

축적

획득한 지식과 추상화 및 구조화로 얻은 시사점과 통찰력을 묶어 세트로 저장하고, 필요에 따라 꺼내 쓸 수 있도록 정리해두는 것

사람들은 독학이라고 하면 이 프로세스 안에서 '인풋'에만 주목하곤 한다. 'WHAT = 무엇을 읽을 것인가'나 'HOW = 어떻게 읽을 것인가'라는 질문에 대한 즉각적인 답을 요구하는 것 같다. 그러나 그런 식의 독학은 단지 잡학적인 지식을 늘릴 뿐 이 책이 내세우는 '꿋꿋하게 살아남기 위한 지적 전투력 강화'라는 목표에는 거의 도움이 되지 않는다.

이 장의 앞부분에 인용한 "배우기만 하고 생각하지 않으면 얻는 것이 없고, 생각하기만 하고 배우지 않으면 위태로워진다"라는 것은 쉽게 말해 "공부를 하더라도 생각하지 않는다면 통찰력을 얻을 수 없고, 생각만 하고 배우지 않으면 독선에 빠질 우려가 있다"라는 뜻이다. 이 지적은 특히 독학을 하는 사람이라면 명심해두는 것이 좋다. 이 말은 독학하는 사람이 빠지기 쉬운 두 가지 함정을 날카롭게 지적하고 있기 때문이다. 《논어》가 쓰인 것은 지금으로부터 2000년이나 더 전의 일인데, 이런 통찰을 접

그림 2 독학 시스템의 네 개의 모듈

① 전략

어떤 테마에 대해 지적 전투력을 높일 것인지를 결정한다.

② 인풋

책과 기타 정보 소스로부터 정보를 효과적으로 획득한다.

③ 추상화 및 구조화

지식을 추상화하고, 다른 것들과 조합해서 자신의 관점을 갖도록 한다.

④ 축적

획득한 지식과 통찰력을 세트로 저장하고,
자유롭게 꺼내 쓸 수 있도록 정리한다.

하게 되면 우리의 지성이라는 것이 정말로 진화하고 있긴 한 건지 의문스러워지기까지 한다.

독학자가 범하기 쉬운 실수 중 하나는 단순히 지식만 욱여넣고 생각하지 않는다는 것이다. 예를 들어 세계사를 독학으로 공부한다고 해보자. 역사를 공부한다고 하면 대부분 연표와 연호를 암기하는 것을 연상하기 쉽다. 역사 검정 자격증을 취득해 자기만족에 빠지고 싶은 것이 목표라면 인정하겠지만, 지적 생산 능력의 향상을 목표로 한다면 이는 별 의미가 없다.

중요한 건 연도와 고유명사 등이 나열된 텍스트의 배후에 생생한 인간을 배치하는 것이다. 그리고 그런 사건이나 현상이 왜 일어났는지를 생각하면서 인간과 사회의 본성에 대한 통찰력을 얻는 것이다.

역사를 배우면 지적 전투력이 높아진다. 그것은 역사가 사례 연구의 보고寶庫이기 때문이다. 우리가 매일 마주하는 현실의 문제는 유일무이한 것처럼 보이지만, 역사를 거슬러 올라가 보면 비슷한 사례가 수없이 많다. 과거의 유사 사례에서 사람들이 어떻게 대처했는지를 살피는 것은 우리의 지적 전투력을 부쩍 향상시킨다. 19세기 후반 독일 통일을 이끈 철혈 재상 비스마르크는 이렇게 말했다.

"바보는 경험에서 배우고 현자는 역사에서 배운다."

역사는 사례 연구의 보고이므로, 자신이 그 사례의 당사자가 되었다고 가정하고 자신이라면 어떻게 행동했을지를 생각해보는 것이 중요하다. 경영에 대한 사례였다면 자신을 그 경영자에 대입해보는 것이다. 그렇게 하다 보면 사람이나 조직의 행동에 대한 통찰력을 얻을 수 있다. 요컨대 역사란 '사람이나 조직의 행동에 대해 과거의 사례를 바탕으로 고찰하는 학문'인 것이다.

이러한 고찰 없이 단순히 지식을 주입하는 것만으로는 사람이나 조직의 행동에 관한 통찰은 얻을 수 없다. 앞에서 인용한 "배우기만 하고 생각하지 않으면 얻는 것이 없다"라는 말은 역사 공부를 할 때 역사적 지식을 암기할 뿐 그 배후에 꿈틀거리는 인간 본성과 행동에 대해 고찰하지 않음을 경계하는 것이다.

다음으로 '생각만 하고 배우지 않는 것'에 대해 생각해보자. 《논어》에서는 이렇게 하면 '위태로워진다'라고 지적하고 있다.

일본 기업의 중간관리자들 중에는 자기만의 이론을 날이 무딘 장검처럼 휘둘러 주위도 자신도 상처 입히고 있는 사람이 적지 않다. 한 줌짜리 지식과 빈약한 경험만을 바탕으로 한 자신만의 생각에 빠져버린 탓이다.

이를 '독학의 메커니즘'의 틀에 맞추어 생각해보면, 인풋은 '배움'에 해당하고 추상화 및 구조화는 '생각'에 해당한다. 이 둘이 균형 있게 기능해야만 비로소 지적 전투력의 향상과 직결되는 독학의 시스템이 완성된다.

독학의 시스템① 전략:

무기를 모으기 위해 공부한다

지적 전투력을 높이기 위한 독학에서는 '무기를 모은다'고 생각
하면서 공부해야 한다. 강력한 적이 압박하며 다가올 때 아무 생
각 없이 무작정 무기를 모으러 뛰어다닐 사람은 없을 것이다. 다
가오는 적에게 대항해 어떻게 싸울지, 자신의 강점은 무엇인지,
그 강점을 최대화할 수 있는 무기는 무엇인지를 고민할 것이다.

독학에 의한 지적 전투력을 향상시킬 때도 마찬가지다. 아무
런 전략 없이 무기를 닥치는 대로 모은다고 전투력이 높아질 리
없다. 우선 "나는 어떻게 싸울 것인가? 어디서 강점을 발휘할 것
인가?"라는 큰 '전략'이 필요하다.

예를 들어 나는 '인문과학과 경영과학의 교차점에서 일하기'
라는 큰 전략을 세워두고 있다. 구체적으로는 철학, 미학, 역사,
사회과학, 심리학이라고 하는 인문과학적 지식을 경영과학의 지

식과 조합, 다른 사람과는 차별되는 통찰력을 이끌어내 그것을 나의 커리어에 활용한다는 전략이다.

따라서 내 경우에는 주로 인문과학계의 지식과 경영과학의 지식이 중요한 무기가 되고, 독학의 커리큘럼은 그 우선순위에 따라 구성한다. 이는 반대로 말하면 '무엇을 인풋하지 않을 것인가'를 명확하게 해둔다는 의미이기도 하다. 이 점에 대해서는 앞으로도 여러 번 다루게 되겠지만, 현재 사회는 정보 과잉 상태이기 때문에 지적 생산 시스템의 핵심은 '인풋한 양'보다는 '인풋한 밀도'에 있다.

자신의 전략과 맥락에 맞고 비용 대비 효율성이 높은 정보의 밀도를 어떻게 유지해나갈 것인가가 중요해시는 지점이다. 그리고 이 정보의 밀도를 높은 수준으로 유지하려면 '어떻게 정보를 차단할 것인가'라는 점이 포인트가 된다.

예를 들어 나는 일본의 정치적 가십과 관련된 뉴스는 완전히 무시한다. 이유는 간단하다. 그러한 정보를 인풋해봤자 나의 지적 전투력은 향상되지 않기 때문이다.

이는 독학의 전략을 세우는 데 있어 매우 중요한 핵심이다. 세상에는 '모르면 망신'이라는 흔한 고정관념으로 사람의 초조함을 부추기고 자신이 알고 있는 정보를 비싸게 팔아치우려는 사람들로 넘쳐나지만, 다른 사람들이 모두 알고 있는 정보는 지적 전투력 향상이라는 관점에서 보면 전혀 가치가 없다. 그런 정보는 차별화의 원천이 되지 않기 때문이다.

우리가 가진 시간은 한정되어 있다. 이 한정된 시간을 독학에 투입해야 한다면, 다수가 이미 알고 있는 상식을 인풋하는 것이 얼마나 의미가 있을까? 다시 한번 말하지만, 전략은 필연적으로 차별화를 요구한다. 즉, 어떻게 하면 타인과 다른 정보를 인풋할 것인지를 결정하는 것이 독학 전략의 최대 포인트이고, 여기에서 중요한 것은 '무엇을 인풋할 것인가'보다 '무엇을 인풋하지 않을 것인가'이다.

'전략'은 대강의 방향만 잡으면 된다

여기에서 한 가지 주의할 점이 있다. 내가 말하는 '독학의 전략'은 그렇게 정밀할 필요가 없다. 아니, 차라리 정밀하지 않은 편이 낫다.

학습을 할 때에는 일종의 우연 같은 것이 작용한다. 인풋에만 집중하면 우연한 배움이 빚어내는 풍부한 통찰력과 시사점을 얻지 못할 수도 있다. 나는 정말로 큰 깨달음이나 배움은 우연히 얻은 정보로밖에 얻을 수 없는 것이 아닐까 생각할 때도 있다. 과거의 역사를 되돌아보면 큰 발견이나 발명의 계기가 된 것은 실은 우연인 경우가 적지 않기 때문이다. 알렉산더 플레밍은 세균 배양용 접시 위에서 세균이 곰팡이를 피해서 번식하는 것을 보고 페니실린의 힌트를 얻었으며, 퍼시 스펜서는 레이더 실험을 하던 중 주머니에 넣은 초코바가 항상 녹는 것에서 힌트를 얻어 전자레인지를 발명했다.

라이프니츠는 "지식의 창조는 예정조화(豫定調和: 우주의 모든 존재는 '미리 정해진 조화'대로 창조되었으며, 이에 따라 인간의 몸과 마음, 모든 행위와 주변 사물들은 정해진 대로 서로 긴밀한 상호작용을 한다는 개념 - 옮긴이)하지 않는다"라는 말을 했다. 이를 전제로 지식 창조 프로그램을 짤 수 있는지 여부는 지적 퍼포먼스의 향상에 매우 중요한 요건이다.

뇌과학자 시게키 겐이치로는 이 '예정조화의 부재'를 '우유성偶有性'이라는 단어로 설명했는데, 이는 독학을 하는 사람들에게는 아주 중요한 개념이다. 말하자면 배움이란 '우연한 기회'를 통해서만 얻을 수 있다는 것이다.

따라서 독학의 전략을 세울 때에는 대략의 방향을 정하는 정도로만 하고 여유나 여백을 남겨두는 것이 중요하다. '도대체 무슨 도움이 되는지 모르겠지만 왠지 대단해 보이는걸!'이라는 생각이 드는 정보는 머지않아 지적 생산을 지지하는 큰 무기가 될 수도 있다.

"배움의 시점에서는 자신이 무엇을 원하는지, 무엇이 되고 싶은지 모른다. 그것은 나중에 돌이켜보고서야 알 수 있는 것들이다. 그것이 성장이라는 것이다. 성장하기 전에 '나는 이런 과정을 밟아 이만큼 성장할 거야'라는 아이가 있다면 그 아이는 성장할 기회가 없다. 그때까지 자신이 몰랐던 논리로, 자신이 한 일의 의미와 가치를 생각하고 헤아리며 자신의 행동을 설명할 수 있게 되는 것이 바로 '성장'이기 때문이다. 때문에 미리 '나는 이렇게 성장할 거야'라고 말할 수 있을 리가 없다. 배움이란 언제나 그렇게 미래를 향해 몸을 내던지는 용기를 필요로 하는 행위다."

우치다 다쓰루

독학의 시스템② 인풋:

광범위한 소스로부터
오감으로 행하는 지적 생산

독학에서 인풋이라고 하면 대부분의 사람들은 '책 읽는 것'을 우선 떠올릴 것이다. 물론 책에 의한 인풋은 독학 시스템에서 가장 중요한 것이지만, 그 외에도 다양한 소스가 있다는 것을 잊어서는 안 된다.

텔레비전, 라디오, 신문, 잡지 등의 매스미디어뿐만 아니라 유튜브나 위키피디아 등을 통해 얻을 수 있는 인터넷의 다양한 정보, 영화나 다큐멘터리 필름, 음악, 예술 작품 등도 그 사람만의 지적 전투력으로 이어질 인풋의 소중한 소스다.

마지막으로 무엇보다도 중요한 것은 스스로 자신이 안테나가 되어 받아들이는 인풋이다. 예를 들어 문화인류학자의 눈으로 세상을 관찰해보면, 길거리 간판의 광고나 거리를 걷는 사람들의 패션, 대형 서점의 책 표지 등에서 다양한 인풋을 얻을 수 있을 것이다.

독학이라고 하면 '책으로 하는 공부'라는 이미지를 떠올리는 사람이 많지만, 사실 독학에는 다양한 인풋 소스가 있음을 잊지 말아야 한다.

왜 이렇게 광범위한 소스를 동원해 독학의 인풋을 해야 하는 걸까? 그것은 책으로만 독학의 인풋 소스를 한정해버리면 '배움의 가동률'이 저하되어버리기 때문이다.

시스템의 생산성은 단위시간당 출력과 가동 시간에 따라 결정된다. 아무리 처리 능력이 높은 독학 시스템을 만들어내도 투여되는 시간이 짧으면 배움의 절대량은 커지지 않는다. 다양한 소스에서 독학의 인풋을 구하는 것은 배움의 스위치가 꺼져 있는 시간을 최소화하는 전략이다.

조동종(曹洞宗: 중국의 선종 5가 중 하나인 조동종에서 유래된 일본의 불교 종파. 종조인 도겐이 송나라에서 장옹여정의 가르침을 받고 귀국해 일본에 전파하였다 - 옮긴이)을 연 도겐 선사는 "세상 아무것도 감춰지지 아니하고"라는 말을 남겼다. 이는 진리를 찾아 계속 수행하는 선승에게 "진리는 당신의 눈앞에 있으며 그 무엇도 감춰지지 않는다"라는 뜻을 전하는 말이다. 독학에 대해서도 같은 말을 할 수 있다.

배움의 계기는 '지금 여기'에서 우리 자신에게 주어지고 있다. 거기에서 인풋을 뽑아내지 못하는 것은 우리의 마음가짐 때문이 아닐까?

또한 책이나 인터넷으로 얻는 정보는 다른 누군가가 만든 지적 생산 프로세스를 통해 출력된 정보이기 때문에 복제품의 인풋일 수밖에 없다. 그러한 정보를 조합해 그 사람만이 가능한 통찰을 만들어내는 일 또한 독학 시스템의 중요한 부분이지만, 이는 매우 어려운 일이다.

반면 자신의 오감을 통해 얻은 인풋은 다른 누구도 아닌 자신만의 것이다. 그런 인풋을 바탕으로 지적 생산을 하면 다른 사람과 쉽게 차별화를 할 수 있는 것은 당연하다. 이는 지적 전투력을 어떻게 높일 것인가 하는 큰 전략과도 연관되는 부분이다. 예를 들어 고도의 추상화 및 구조화를 통해 독특한 통찰력을 만들어낼 수 있다면 무리해서 1차 정보를 입수하는 데 공을 들이지 않아도 괜찮을 것이다.

미국 CIA나 옛 소련의 KGB, 혹은 이스라엘의 모사드 같은 첩보 기관은 일상적으로 정보를 수집해 그 분석에서 얻을 수 있는 시사와 통찰을 외교와 군사에 관한 의사결정에 활용했다. 하지만 실은 이들 첩보 기관이 입수하는 정보의 대부분은 우리 일반인도 접촉 가능한 정보다. 즉, 첩보 기관은 인풋된 정보의 양과 질보다도 모은 정보로부터 고도의 통찰을 얻어내는 능력에서 우월함을 가진 것이다.

이런 일을 개인이 할 수 있다고 가정해보자. 그 사람에게 1차 정보를 모으는 것은 우선순위가 그렇게 높지 않을 것이다. 유명한 탐정 셜록 홈즈도 그랬다. 다른 사람과 같은 정보를 가지고 그 정보를 고도의 조합으로 가설과 추리를 짜 맞추어 기가 막힌 결과를 도출해낸 것이다.

반면 시사와 통찰을 끌어내는 것보다는 정보를 모으는 것이 장점인 사람도 있다. 그런 경우 책이나 인터넷 외의 소스에서 독특한 1차 정보를 수집하는 능력으로 차별화를 꾀하는 것이 나을 수도 있다.

이런 차별화의 전형적인 예가 르포르타주(기록문학)다. 예를 들어 브루스 채트윈의 《파타고니아》나 리샤르드 카푸시친스키의 《흑단》은 매우 독특한 르포르타주다. 남미 파타고니아 혹은 아프리카에서의 저자의 체험을 바탕으로 했기 때문에 다른 사람과는 압도적으로 구별되는 인풋으로 지적 생산의 베이스를 구축한 경우라 할 수 있다.

또 비즈니스의 세계로 눈을 돌려보면, 다른 나라에서 일어나고 있는 구조적 변화를 남보다 먼저 파악해서 지적 전투력을 발휘하고 있는 사람들도 적지 않다. 일본의 택배 사업 아이디어를 생각해낸 오구라 마사오는 미국 시찰 중 UPS의 배송 차량이 멈춰 있는 모습을 보고 사업 아이디어를 떠올렸고, 도요타의 오노 다이치는 미국의 슈퍼마켓 구조를 시찰해 JIT 방식(Just In Time: 제조 공정의 낭비 요인을 제거하고 최소화함으로써 원가 절감과 품질 향상을 목표로 하는 생산 방식-옮긴이)을 고안해냈다. 오늘날에도 유니클로의 야나이 다다시나 소프트뱅크의 손정의 등 유명 경영자가 해외 동향으로부터 경영상의 힌트를 얻는 것은 흔한 일이다.

"왜 당신은 타인의 보고를 믿기만 하고 자신의 눈으로 관찰하거나 살펴볼 생각을 하지 않는 것인가?"

갈릴레오 갈릴레이,《대화》

독학의 시스템③ 추상화 및 구조화:

통찰로 이어지는 질문과 조합

이렇게 인풋된 지식은 대개의 경우 지적 생산의 현장에서 바로 사용할 수 없다. 특히 문학이나 역사, 철학 등 인문계의 지식은 우리가 매일 종사하는 비즈니스와는 직접적인 연결을 찾아내기 어렵다. 따라서 추상화와 구조화를 통해 비즈니스나 실생활에서 활용할 수 있는 시사점을 추출하는 것, 쉽게 말하자면 의미 부여가 필요하다.

예를 들어 역사책을 읽어보면 중세에서 근세에 걸쳐 유럽에서는 로마 교황과 각국의 군주라는 이중 권력 구조가 존재했다고 쓰여 있다. 마찬가지로 중국에서는 오랫동안 환관과 관료라는 두 개의 제도를 유지했고, 일본에서는 바쿠후의 쇼군과 천황이라는 이중 권력 구조가 있었다는 것을 떠올릴 수 있다.

하지만 이런 지식을 축적해두기만 하면 일상생활이나 비즈니스의 현장에서 지적 전투력 향상과는 직접 연결되지 않는다. 이 지식을 무기로 하여 이른바 지식에서 지혜가 되도록 하려면 이런 정보를 추상화해서 시사와 통찰을 끌어낼 필요가 있다.

이중 권력 구조에 관한 역사적 정보를 추상화하면 어떤 시사와 통찰을 얻을 수 있을까? "모든 체계에는 권력의 과도한 집중을 막기 위한 균형 유지 시스템이 작동한다"라는 가설을 세워볼 수 있다. 바로 이것이 1차 정보의 추상화다. 이때 추상화된 정리는 특별히 진실일 필요는 없다. 가설에 지나지 않기 때문이다. 가설은 "~는 아닐까?" 하는 질문으로 설정되지만, 이런 질문은 인풋의 감도를 높여 독학 시스템의 생산성을 높이는 큰 요인이 된다.

질문이 없다면 배움은 없다. 극단적으로 말하자면, 우리는 새로운 질문을 만들어내기 위해 독학을 한다. 독학의 목적은 새로운 앎보다도 새로운 질문을 얻기 위한 것이라고 해도 좋을 정도이다.

이렇게 추상화된 가설은 구조화에 의해 다른 지식이나 정보와 연결된다. "권력의 과도한 집중을 막기 위해서는 균형 유지 시스템이 필요하다"라는 가설은 권력과 조직에 관한 시사와 통찰이다. 이를 경영학의 조직 설계론이나 마키아벨리의 군주론 등과 관련지어, 권력과 리더십이라는 테마와 묶어 새로운 정보의 조합을 만들어낼 수 있다. 이것이 바로 구조화, 즉 이미 설정된 테마와 연결하는 것이다.

독학의 시스템④ 축적:

효율적으로 지식을 끌어낼 수 있는
시스템 구축

마지막으로 이렇게 추상화 및 구조화한 지식은 언제라도 끌어낼수 있도록 적합한 시스템에 축적해둘 필요가 있다. 인풋된 정보 대부분은 언젠가 반드시 잊어버리기 때문이다.

독학으로 얻은 지식에는 바로 도움이 되는 것도 있지만, '매우 재미있지만 언제 도움이 될지 알 수 없는 것'도 많다. 그런데 '그 사람만이 끌어낼 수 있는 아웃풋'은 바로 이런 정보가 바탕이 되는 경우가 대부분이다.

언제 도움이 될지 알 수 없다는 것은, 다시 말하자면 어느 날 갑자기 그 지식이 필요해지는 국면이 생길 수도 있다는 뜻이다. 그러므로 상황에 따라 효율적으로 축적해둔 지식을 끌어낼 수 있는 시스템을 만들어두는 것이 중요하다. 그렇게 어려운 일은 아니다. 추상화 및 구조화된 데이터를 디지털로 기록해두었다가 필요에 따라 검색과 태그를 통해 과거의 기록을 끌어낼 수 있도록 하면 된다.

나의 경우에는, 이동하면서 집필이나 워크숍에 필요한 메모를 할 때가 많기 때문에 복수의 디바이스로 작업할 수 있도록 에버노트 어플리케이션을 사용하고 있다. 요즘에는 이런 작업이 가능한 여러 도구가 많이 나와 있으므로 무엇이든 활용하면 된다.

다음 장부터는 지금까지 살펴본 독학 시스템을 구성하는 네 개의 모듈, 즉 전략, 인풋, 추상화 및 구조화, 축적 등에 대해 더 구체적이고 자세히 설명하겠다.

"아는 것이 어려운 것이 아니다.
알고 있는 대로 처신하는 것이 어려운 것이다."

사마천, 《사기열전》

제1장

전략

한정된 시간에 자신의 가치를 높이는
무기를 모으는 법

"무엇을 하지 않을지를 결정하는 것은,
무엇을 할지를 정하는 것만큼이나 중요하다.
회사에 대해서도 그렇고, 제품에 대해서도 그렇다."

스티브 잡스

독학의 전략이란

독학의 전략이란 한마디로 "무엇을 배울 것인가?"라는 큰 방향성을 결정하는 것이다. 이는 반대로 말하면 "무엇을 배우지 않을지"를 결정한다는 뜻이기도 하다.

지금 우리가 사는 세상은 넘치는 정보로 '오버플로overflow' 현상이 발생하고 있다. 지적 호기심이 왕성한 사람에게는 매우 안타깝게도 우리가 독학을 위해 사용할 수 있는 시간은 극히 짧다. 따라서 이 모든 정보를 깊이, 자세히 아는 것은 애초부터 불가능하며, 만약 그런 것을 목표로 한다면 다른 더 중요한 것을 희생하게 될 수도 있다.

독학에 사용할 수 있는 시간은 무한하지 않다. 독학의 전략을 고찰하는 데에는 이런 시간 인식이 가장 큰 기반이 된다. 특히 30~50대 직장인에게 시간은 더욱 귀중한 자원이다. 그 귀중한 시간을 뚜렷한 전략도 없이 소비해버릴 수는 없다.

독학으로 어떤 영역에 대해 일정 수준 이상의 지식과 견해를 얻으려면 반드시 어느 정도 이상의 공부가 필요하다. 예를 들어 뇌과학에 대해 식견을 얻고 싶다면, 최소 다섯 권 정도의 입문서와 다섯 권 정도의 전문서는 읽을 필요가 있다. 어떤 영역이든 그 영역을 독학으로 공부하고자 한다면 최소한 열 권 정도의 인풋이 필요하다는 것이다.

한편, 앞서 살펴본 대로 독학은 인풋만으로 구성되지 않는다. 독서를 중심으로 인풋한 지식을 추상화 및 구조화하고, 그것을 자유롭게 꺼내 쓸 수 있도록 축적하기 위해서는 그런 과정을 수행할 시간도 필요하다. 일반 성인이 1분 동안 읽을 수 있는 글자 수는 대략 200~400단어이고, (전문서를 제외한) 일반 도서는 보통 10~12만 자로 구성된다. 만일 독서 속도를 1분에 300단어로 가정한다면 보통 책은 한 권 읽는 데 대여섯 시간 정도가 든다고 생각하면 된다.

게다가 단순히 다 읽었다고 끝이 아니다. 책을 읽고 얻은 정보는 요리로 치면 아직 '손질하지 않은 재료'에 불과하다. 이를 본인만의 요리로 남에게 제공하려면 나름의 손질을 한 후 냉장고에 저장할 필요가 있다. 책을 읽고 얻은 정보를 추상화 및 구조화해 머릿속에 정리하는 데 한 시간 정도를 잡는다면 책 한 권을 내 것으로 만드는 데는 대략 여섯 시간 정도가 필요하다.

다만 이 계산은 책 한 권을 처음부터 끝까지 다 읽는 것을 전제로 한다. 특히 경제경영서의 경우 독자 개인에게 중요한 부분은 한 권 중 극히 일부일 때가 많으며, 이런 부분만 찾아 읽는다면 읽을 수 있는 책의 수는 많이 늘어난다. 참고로 나는 두 시간 정도 걸리는 통근 왕복 시간을 주로 독서에 활용, 연간 300권 정도의 책을 훑어보고 있다. 그중 처음부터 끝까지 다 읽는 책은 20~30퍼센트 정도다.

만약 독학을 위해 사용할 수 있는 시간이 하루 평균 한 시간이라면 일주일에 한 권, 연간 50권 정도의 인풋이 최선일 것이다. 결국 독학의 전략이란 '1년간 읽을 수 있는 최대치인 책 50권을 어떤 테마와 장르의 배움에 분배할 것인가'에 다름 아니다.

테마와 장르의 크로스오버

무작정 독학에 뛰어들어 시간을 비효율적으로 분산투자하는 것보다는 '배움의 목표'를 정하는 편이 좋다. 이때 대부분의 사람들은 '어떤 장르를 배울까?'부터 생각한다. 그러나 독학의 목표는 장르가 아니라 테마여야 한다. 달리 말하면, '테마가 주가 되고, 장르가 이를 따르는 형태'가 이상적이다. 이것은 독학에 있어 핵심이지만 이를 아는 사람은 별로 없는 것 같다.

독학을 할 때 '철학을 공부할까? 아니면 역사를 공부할까?'라는 식으로 장르를 설정하면서 시작하기 쉽지만, 중요한 것은 자신이 추구하는 '테마'에 맞는 방향성을 찾는 것이다. 테마는 자신이 추구하고 싶은 논점이다. 예를 들어 "혁신이 일어나는 조직은 어떤 조직일까?", "기독교는 고뇌하는 직장인을 구원할 수 있을까?"와 같은 것들이다. 독학을 통해 이런 테마들에 대해 나름의 답을 추구해야 하며, '무엇을 인풋할 것인가'는 자신의 테마에 대해 어떤 힌트나 깨달음을 얻을 수 있는지를 따져봐야 한다.

반면 장르란 심리학이나 역사, 문학 등 콘텐츠의 분류 항목을 말한다. 독학의 전략을 세우는 것은 '어떤 장르를 공부할까'를 정하는 것이라고 생각할 수 있지만, 그런 식으로는 아무리 시간이 흘러도 지적 전투력을 향상시킬 수 없다. 장르를 따르는 공부는 이미 누군가가 체계화해놓은 지식의 구조를 따라 공부하는 것이기 때문에 자신만의 통찰이 생겨나기 힘들기 때문이다.

일반적으로 지적 전투력을 높이기 위한 독서는 무조건 좋은 것이라고 생각하는 경향이 있지만, 이는 위험한 인식이다. 독서는 방법에 따라 우리를 바보로 만들 수도 있기 때문이다. 19세기 독일 철학자 아르투어 쇼펜하우어는《문장론》에서 독서의 공과 중 '과'에 해당하는 부분을 다음과 같이 철저하게 고찰했다.

"독서는 타인에게 세상을 대신 생각해보게 하는 것이다. 책을 읽는 우리는 다른 사람이 생각한 과정을 따라가는 것에 지나지 않는다."

또 "아는 것이 힘이다"라는 명언으로 널리 알려진 르네상스 시기의 영국 철학자 프랜시스 베이컨도《수상록》에서 다음과 같이 지적하고 있다.

"믿고 그대로 받아들이기 위해 읽지 말라. 화제와 논제를 찾기 위해서도 읽지 말라. 대신 깊이 생각하고 깊이 고려하기 위해 읽어라."

모두 비판적인 태도 없이 읽는 그대로 받아들이는 독서의 위험성을 지적하는 말들이다. 무비판적인 수용형 독서를 되풀이하면 확실히 '박식한 사람'이 될 수 있을지는 모르지만, 영역을 넘나들며 유연하게 지성을 발휘하는 지적 전투력을 획득하기는 어려울 것이다.

앞에서 중세 유럽의 교황과 군주의 관계를 통해 조직론에서의 권력 균형 문제에 대한 통찰을 얻을 수 있다는 이야기를 했다. 여기에서 원래 주어진 정보와 얻을 수 있는 통찰 사이에 장르가 크로스오버하고 있다는 점을 눈치챘는가?

원래 주어진 정보는 '역사'라는 장르로 묶이는 정보지만, 얻을 수 있는 통찰은 '경영' 장르, 구체적으로는 '조직론'이나 '리더십' 장르에 대한 것이다. 원래 속한 장르에서 얻을 수 있는 배움의 장르가 '점프'를 한 것이다.

조직론에서 권력 구조에 대해 배우고 싶다면 우선 경영이라는 장르, 그중에서도 조직론에 대해 배우는 것이 정석이라고 생각할 것이다. 하지만 정석대로 배워서 나만의 독특한 통찰을 가질 수 있을까? 안타깝게도 그렇게 되지는 않을 것이다.

이런 정석적인 배움을 통해 얻을 수 있는 것은 해당 영역에 대해 최소한 알아두어야 하는 기초지식뿐이다. 주위에 그런 공부를 하는 사람이 없는 상황이라면 일시적인 지적 우위를 형성할

그림 3 테마와 장르의 크로스오버

(예) 목표: 조직에서의 권력 구조에 대해 배우자.

테마와 장르가 일대일 대응을 하는 경우

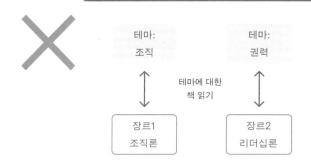

→ 교과서적 기초지식밖에 익히지 못하고,
나름의 독특한 관점이 생기기 힘들다.

테마와 장르가 크로스오버된 경우

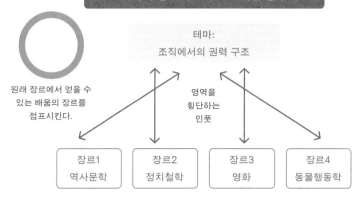

→ 여러 가지 장르의 지식을 조합해 독자적인 시사나 통찰이 생겨난다.

수 있겠지만, 그런 지식이 어디에서도 통용될 수 있는 지적 전투력으로 연결되는 일은 없을 것이다.

조직에서의 권력 구조 양상에 대해서는 여러 장르의 인풋에서 시사점을 얻을 수 있다. 예를 들어 시오노 나나미의 《로마인 이야기》, 마키아벨리의 《군주론》 등의 책이나 프랜시스 코폴라의 영화 〈대부〉, 원숭이학 등의 영장류 연구는 각각 "권력은 어떻게 발생하여 유지되고, 결국 붕괴하는가?"라는 논점에 대해 여러 가지 깨달음을 준다.

이런 배움을 장르로 정리하면 각각 역사문학, 정치철학, 영화, 동물행동학이라는 분야로 나뉘므로, 서점에서 '조직'이라는 서가에 꽂혀 있을 리가 없다. 즉, '테마'와 '장르'를 일대일 대응으로 설정해버리면 시사와 통찰을 얻기 위한 조합의 가능성이 매우 줄어든다는 뜻이다.

독학의 전략을 세운다는 것은 한마디로 독학의 커리큘럼을 짠다는 것이다. 만약 장르에 따라 커리큘럼을 정한다면, 사실상 서점의 점원이 자기 커리큘럼의 틀을 정해주는 것과 같다. 그게 얼마나 바보 같은 일인지는 쉽게 짐작할 수 있을 것이다.

스티브 잡스를 비롯해 높은 수준의 창조성을 발휘한 사람들은 대부분 "새로운 아이디어는 새로운 조합에 의해 생겨난다"라고 말한다. 이것은 독학의 전략에서 반드시 가슴에 새겨두어야 할 지적이다. 이 책의 서두에서 크로스오버 인재의 중요성에 대해 언급했지만, 이것은 배움에 대해서도 똑같이 말할 수 있다.

"만화 외의 교양이나 지식이 마지막에 힘이 된다. 평소의 공부 또한 필요하며, 만화책만 읽어서는 안 된다. 문학이나 과학서, 기행문, 평론집 등의 책과 친해져서 지식을 넓혀야 한다."

데즈카 오사무, 《만화를 그리는 법》

프로듀스라는 곱셈

테마는 자신의 흥미나 필요에 따라 스스로 정하는 것이기 때문에 이것에 대해서는 별로 고민할 필요가 없다. 반면 어떤 장르의 책을 공부할 것인가에 대해서는 헤맬 수도 있다. 여기에서 강조하고 싶은 것은 우선 "자신을 프로듀스한다는 생각으로 장르를 골라야 한다"라는 점이다. 이는 다른 사람은 고르지 않는 조합을 고른다는 뜻이다.

예를 들어 평론가로서 눈에 띄는 이력을 쌓은 사람을 보면 독특한 조합을 실현했다는 것을 알 수 있다. '박람강기(博覽强記: 여러 가지 책을 많이 읽고 기억을 잘함 - 옮긴이)'한 것으로 유명한 전 외무성 주임분석관 사토 마사루는 광범위한 교양을 자신의 배경으로 삼고 있다. 특히 신학을 중심으로 한 종교 지식과 외무부 시절에 얻은 외교 및 첩보 관련 지식의 크로스오버가 다른 누구도 흉내 낼 수 없는 지적 전투력을 얻을 수 있게 했다.

　이런 크로스오버, 즉 '곱셈을 만드는 것'이 자기 프로듀스의 포인트가 된다. 획기적이고 창조적인 업적을 올리는 개인이나 조직을 보면, 그가 서 있는 위치는 다른 누구도 서 있을 수 없는 독특한 요소의 '곱셈'인 것을 알 수 있다.

· **미국에서 시작된 록 × 영국풍의 모즈 스타일 의상 ➡ 비틀즈**
· **디자인 × 테크놀로지 ➡ 애플**
· **저가의 남성복 소재 × 최고급 오트 쿠튀르 ➡ 샤넬**
· **클래식 작곡기술 × 팝 음악 ➡ 사카모토 류이치**

　여기에서 중요한 것은 각각의 요소 모두 일류일 필요가 없다는 점이다. 예를 들면 애플을 테크놀로지에서 세계 일류라고 생각하는 사람은 거의 없을 것이다. 창업자인 스티브 잡스가 적절하게 표현했듯이, 애플이라는 회사는 '디자인과 테크놀로지의 교차점에 서 있는 회사'이기 때문에 독특한 캐릭터가 만들어질 수 있었던 것이다.

　나의 '곱셈'은 바로 인문학과 경영학의 교차점에서 일하는 것이었다. 나의 배경은 철학, 역사, 미술, 음악 등 인문과학의 영역이다. 반면 나는 조직 개발과 인재 육성 영역에 종사 중인데, 이것을 주로 다루는 학문 장르는 경영학과 교육학이다. 그리고 이 둘의 교차점에서 일하는 것을 전략으로 삼고 있는 나는 양쪽 모두의 인풋이 필요했다.

장르 선택은 '자신이 가지고 있는 것'을 바탕으로

그렇다면 어떻게 이런 곱셈을 만들어야 할까? 답은 단순하다. 바로 "가진 것에 집중한다"는 것이다. 이는 경력과 관련된 전략과도 연관된 것이지만, 많은 사람들이 자기가 '가진 것'을 살리려고는 하지 않고 '원하는 것'을 추구하려고 한다. 하지만 그렇게 얻은 것이 그 사람의 독특한 강점이 되는가 하면 전혀 그렇지 않다. 가장 중요한 건 자신이 이미 가진 것을 어떻게 활용할지를 고민하는 것이다.

예를 들어 〈랩소디 인 블루〉의 작곡가 조지 거슈윈은 관현악 편성법을 정식으로 배운 적이 없었다. 아마 거슈윈에게는 그것이 콤플렉스였을 것이다. 그래서 당시 관현악 편성의 명수로 이름이 높았던 모리스 라벨에게 관현악 편성을 가르쳐달라고 부탁했다. 하지만 이때 라벨의 대답은 이랬다.

"당신은 이미 일류 거슈윈인데 굳이 공부해서 이류 라벨이 될 필요는 없지 않은가요?"

그 사람의 진정한 강점, 즉 다른 사람은 좀처럼 따라 할 수 없는 그 사람만의 강점을 본인은 당연한 능력으로 생각하는 경우가 많다. 그래서 "당신의 강점은 이것이군요."라고 말해줘도 "네?

그건 저에게는 그냥 당연한 건데요"라고 대답해버리는 것이다. 그러고는 다른 사람들은 할 수 있는데 자신은 못하는 것에 정신이 팔려 집착하곤 한다.

하지만 있는 힘껏 노력해서 그 '없는 것'을 획득한다고 해봤자 기껏해야 '남들만큼'밖에 되지 않는다. 그런데 '남들만큼' 하는 것으로는 아무도 돈을 지불하지 않는다. 경제적 가치가 생겨나지 않는 것이다. 사람들이 돈을 지불하는 것은 항상 '독특한 것'이다. 그리고 자신을 다른 사람과 차별화할 수 있는 포인트는 본인이 당연하다고 생각하는 것 중에 숨어 있다.

우선 자신이 공부하고자 하는 장르에 대해 두 가지 장르의 크로스오버를 생각해보자. 한 가지 상르에서 매우 뛰어나게 되는 것은 어려운 일이지만, 크로스오버를 하면 독특한 포지션을 만들기 쉽다. 이것이 첫 번째 포인트다. 그리고 두 번째 포인트는 장르를 고를 때 반드시 자신의 본성과 흥미를 중심으로 해야 한다는 것이다. 다른 사람이 가진 것 중 자신이 원하는 것을 중심으로 해서는 안 된다.

"나는 스스로 관심이 있는 것에는 다른 사람의 몇 배로 집중할 수 있는 반면, 흥미가 없는 일은 쳐다도 보지 않는 어린이였다. 관심을 갖고 싶어도 가질 수가 없었다. 그래서 선생님에게 종종 혼나는 일도 있었다. 하지만 지금 생각해보면 그게 옳았을지도 모른다. 왜냐면 좋아하는 것을 계속 탐구해 나간 결과 다른 사람과는 다른 지식이 자연스럽게 몸에 배어 그것이 나 자신의 개성이 되고, 지금은 먹고살 양식까지 되었으니 말이다."

아라마타 히로시, 《0점주의主義》

독학의 전략을 세우면
안테나의 감도가 올라간다

닥치는 대로 인풋하기 전에 우선 독학의 전략을 세워야 하는 또 다른 이유는 안테나의 감도가 높아지기 때문이다. 예를 들어 별다른 전략 없이 여러 가지 장르에 대해 깊은 지식을 쌓고만 싶을 때는 책이나 신문 기사 같은 것에 높은 감도로 반응할 수 없다. 반면 독학의 전략이 명확하다면 사소한 계기로 접한 정보에도 민감하게 반응할 수 있다.

게다가 독학의 전략을 명확하게 하면 추상화 및 구조화의 능력도 좋아진다. 뒤에 다시 설명하겠지만, 추상화 및 구조화는 한마디로 배움이 되는 시사점을 추출하는 것이다. 그런데 인풋된 지식에서 자신의 지적 전투력을 향상시키기 위한 시사와 통찰을 얼마나 깊고 예리하게 끌어낼 수 있는지는 자신의 독학 전략을 얼마나 명확하게 그려낼 수 있는지에 달려 있다고 해도 과언이 아니다.

예를 들어 나는 내 독학 전략의 큰 테마 중 하나로 '혁신을 일으키는 조직을 만드는 법'을 설정했다. 이렇게 해두면 언뜻 보기에는 전혀 상관없는 카테고리의 인풋에서도 시사나 통찰을 추출할 수 있다. 가령 어린이를 대상으로 만든 발명·발견 도감에서도 혁신을 일으키는 인재와 조직에 대해 다양한 시사를 얻을 수 있다. 심지어는 제1차 세계대전에 관한 다큐멘터리 방송을 보다가도 가능하다. 나는 전차의 아이디어를 최초로 승인한 것이 육군이 아니라 지상전에 비전문가였던 해군 장관 처칠이라는 사실을 배웠다. 이는 "어쩌면 혁신을 이끄는 것은 전문가보다 비전문가일지도 모른다"라는 가설과 연결되고, 실제로 조사해보면 많은 혁신이 비전문가에 의해 이루어졌다는 것을 알게 됐다.

대량의 인풋을 했음에도 좀처럼 성과가 나지 않는 것 같다는 상담을 자주 받는다. 즉, 인풋이 지적 전투력의 향상과 연결되지 않는다는 말이다. 하지만 이야기를 들어보면 많은 양의 책을 읽고는 있지만 자신의 독학 전략이 확실하게 정해지지 않은 경우가 많다. 또 지적 호기심이라기보다는 남들에게 자랑하고 싶은 욕구에서 대량의 인풋을 하는 사람도 많다. 이런 경우는 아무리 노력해도 그 인풋을 다 소화할 수도 없고, 그냥 스쳐 지나가게 될 뿐이다.

지식은 정리되지 않으면 쓸 수 없다

독학의 전략을 세우면 지식을 축적하는 시스템도 구축해나갈 수 있다. 사실 독학의 전략을 세운다는 것은 인풋한 정보를 파일링할 수 있도록 '라벨'을 명확하게 한다는 말과 같다. 즉, 독학으로 인풋한 지식을 어떻게 정리할지, 어떤 지식과 조합해서 보관할지를 명확하게 하는 것이기 때문에 당연히 축적된 지식도 정리할 수 있다. 독학으로 광범위한 지식을 인풋했다고 하더라도 그것이 테마에 따라 정리되지 않으면 필요한 때 그 지식을 이용해 지적 생산을 할 수 없다. '그러고 보니 이런 이야기를 어디에선가 읽었던 것 같은데' 정도의 아웃풋으로는 지적 전투력의 향상을 이룰 수 없다.

이는 대단히 중요한 지점이다. 지적 전투력을 발휘해야 하는 상황에서 확실하게 아웃풋을 하기 위해서는 자신이 알고 있는 사실과 관련된 정보에 대해 육하원칙을 꼼꼼히 살펴볼 필요가 있다.

예를 들어 두 강적 사이에 끼어 있는 플레이어가 싸우는 법을 논의할 때를 가정해보자. 역사에 어느 정도 정통한 사람이라면 이 상황에서 스페인과 프랑스라는 두 강국과 대치했던 중세 이후 영국의 외교 정책을 떠올릴 수 있다. 하지만 실제로 그런 주장을 할 때면 인풋된 정보를 얼마나 정확하게 재현할 수 있느냐에 따라 설득력이 달라진다.

다음 두 개의 아웃풋을 비교해보자. 어느 쪽이 더 강력한 지적 전투력을 발휘하고 있는지 생각해보기 바란다.

A

상당히 옛날 이야기지만, 스페인은 당시 유명했던 한 강한 장군이 대군을 이끌고 영국과 바다를 사이에 두고 있는 네덜란드에 진출한 적이 있다. 이때, 영국의 누구였더라, 하여간 당시 여왕이 영국의 국력을 가능한 한 쓰지 않기 위해 당시 프랑스 왕을 부추기는 한편, 네덜란드의 저항 세력을 지원해서 이 진주군을 격퇴하려고 했다.

B

16세기 후반, 당시 유럽 제일이라고 일컬어지던 알바 공작이 이끌던 스페인 육군의 정예 5만 명이 영국과 바다를 사이에 둔 네덜란드에 진주했던 적이 있다. 이때 당시 엘리자베스 여왕은 영국의 국력을 가능한 한 쓰지 않기 위해 스페인과 적대적이던 프랑스의 샤를 9세를 부추기는 한편, 네덜란드의 레지스탕스와 해적을 지원해 이 주둔군을 격퇴하도록 했다.

둘은 정보의 구체성, 즉 육하원칙이 어느 정도 확보되었느냐는 점 말고는 큰 차이가 없다. 즉, 실제로 얻을 수 있는 시사와 통찰은 비슷할 수 있다. 둘 모두 대치 상황에서는 이해관계가 일치하는 제3자를 잘 활용할 수 있다는 시사점을 얻어낸 상태다.

하지만 이를 받아들이는 입장에서 보면 큰 차이가 있다. A의 주장은 아무래도 믿음직하지 않고, B의 주장은 설득력이 있어 보인다. 이처럼 지적 전투력을 발휘해야 하는 상황에서 아웃풋에 육하원칙을 확실하게 갖추는 것은 매우 중요한 포인트다.

물론 인간의 작업기억 용량에는 한계가 있기 때문에 인풋한 정보를 모두 기억할 수는 없다. 상황에 따라 즉각적으로 과거의 인풋 중에서 지금 필요한 '바로 그 정보'를 정확하게 꺼내기 위해서는 테마에 맞게 축적하는 기술이 필요하다. 효율적인 인풋과 축적은 모두 독학의 전략이 얼마나 명확한지에 달려 있음을 명심하기 바란다.

제2장

인풋

쓰레기를 삼키지 않으면서
아웃풋을 극대화하는 법

"만인이 좋아하는 책은
언제나 불쾌한 냄새가 난다."

프리드리히 니체, 《선악의 저편》

인풋의 네 가지 목적

이번 장에서는 구체적인 독서의 기법을 알아볼 것이다. 책을 읽는 방법은 독서의 목적에 따라 달라진다. 세상에는 여러 '독서법'에 관한 책이 있지만, 책마다 접근법이 상당히 다르다. 이는 그 책을 쓴 저자 각각이 가지고 있는 독서의 목적이 다르기 때문이다. 그 점을 감안하지 않고서는 생산성 높은 독서는 불가능하다.

독서에는 크게 다음의 네 가지 목적이 있다.

① **단기적으로 일에 필요한 지식을 얻기 위한 인풋: 경제경영서**
② **자신의 전문 영역을 심화시키기 위한 인풋: 경제경영서+교양서**
③ **교양을 넓히기 위한 인풋: 교양서**
④ **오락을 위한 인풋: 모든 책**

우선 첫 번째는 쉽게 알 수 있다. 새로운 분야로 이동했을 때나 새로운 프로젝트에 참여하게 될 때 주변 전문가나 경험자와 커뮤니케이션을 하기 위해서는 단기간에 해당 분야에 대한 기초지식을 갖춰야 할 필요가 있다. 그런 경우가 '일에 필요한 지식을 얻기 위한 독서'에 해당된다. 좁고 얕게 공부하는 독서이기도 하다.

두 번째는 자신의 전문 영역에 대해 더 많은 지식을 축적하기 위한 독서이다. 예를 들어 나는 본업이 조직 개발과 인재 육성을 전문으로 하는 컨설턴트이므로 관련 영역의 잡지나 논문, 책에 대해서는 가능한 한 훑어보려고 하고 있다. 전문가로서 지적인 축적이 목적이라면 상당히 긴 기간을 필요로 한다. 또 좁고 깊은 공부를 위한 독서이기도 하다.

세 번째로 '교양을 넓히기 위한 독서'는 일과 직접적으로는 관련이 없지만 인간과 사회에 대해 깊은 통찰을 주는 교양을 목적으로 하는 독서다. 일과 직접적으로 관련이 없다는 것은 바꿔 말하면 간접적으로는 관련이 있다는 뜻이다. 이렇게 쌓인 '깊은 지성'은 그 사람의 지적 전투력을 크게 좌우한다.

앞에서도 여러 번 강조했지만, 어떤 기술이나 비즈니스 모델의 전성기가 점점 단축되고 있는 요즘 사회에서는 전에 유효했던 지식이 순식간에 시대에 뒤처지고 만다. 이때 대다수 사람들은 '아, 이미 내 지식은 시대에 뒤처졌으니까 버려야겠다'라고 생각하지 못하고 시대착오적인 방법론이나 지식에 연연한다. 지금의 일본에서는 이른바 '꼰대 해악'이 여러 곳에서 문제가 되고 있다. 바로 이 '지식의 업데이트'에 실패한 사람이 일으키는 문제다.

이런 상황을 막기 위해서는 어떻게 해야 할까? 한마디로 말하면 교양을 쌓아야 한다. 교양에 대해서는 여러 가지 정의가 있지만, 독학의 전략이라는 맥락에서 생각해보면 '장기간에 걸쳐 지적 전투력에 기여하는 지식'이라고 할 수 있다.

업무에 요구되는 전문 지식은 기술이나 비즈니스 모델이 변화함에 따라 점점 시대에 뒤처질 수밖에 없다. 그럴 때 '어떻게 행동해야 할까?', '앞으로 어떤 일이 일어날까?'와 같이 어려운 문제를 생각하기 위해서 기초가 되는 것이 바로 교양이다.

나는 예전부터 글로벌 기업의 관리자들이 철학이나 문학 등의 교양을 다시 배우고 있는 실태에 주목한 바 있다. 이들이 이처럼 교양을 다시 배우는 이유는 변화가 심한 세상에서 가치를 잃지 않는, 단단한 기초가 되는 지식을 쌓기 위해서일 것이다. 이런 교양을 넓히기 위한 독서에 필요한 시간은 수십 년이 되고, 장르도 다양하다.

마지막으로 '오락을 위한 독서'는 말 그대로 즐거움을 위해 읽는 것이다. 나는 개인적으로 아주 좋아하는 가르시아 마르케스의 소설이나 호시노 미치오의 수필을 읽는 것을 일종의 쾌락으로 분류하고, 그런 책을 읽을 때는 그 시간을 순수하게 즐긴다.

사실 같은 책을 읽으면서도 이 네 가지 목적을 모두 달성할 수 있다. 오락을 위해 읽은 책이지만 인간과 사회에 대한 관점에 통찰을 주는 경우도 많고, 전문가로서의 지식 축적에 공헌하는 경우도 있다. 예를 들어 시바 료타로의 소설 중 상당수는 초일류 엔터테인먼트 소설이지만, 동시에 조직론과 리더십 사례 연구로도 읽을 수도 있다. 신센구미新選組라는 조직은 세계사적으로도 독특한 검객 집단이다. 이런 조직은 어떻게 만들어졌을까? 신센구미의 부장 히지카타 도시조의 인생을 다룬 시바 료타로의 《타올라라 검》을 읽으면 조직론에 관한 다양한 시사점을 얻을 수 있다. 즉 책 한 권과 한 가지 목적이 일대일로 대응하는 것은 아니라는 것이다.

중요한 것은 지금 자신이 어떤 목적으로 책을 읽고 있는지를 의식적으로 상기하는 것이다. 그러면 그 목적에 따라 독서의 방식이나 기술을 다르게 사용할 수 있게 될 것이다.

'읽는 법'이 전혀 다른 경제경영서와 교양서

앞에서 나는 직장인이 높은 지적 성과를 만들어내기 위해서는 경제경영서와 교양서 모두를 새의 양 날개처럼 조합해 읽어야 한다고 말했다. 여기에서 명심해야 할 것은 두 가지 책은 읽는 법이 전혀 다르다는 점이다.

우선 경제경영서는 가능한 한 명저를 선택하고 독서 노트는 만들지 않는다. 좁고 깊게 읽어야 하기 때문이다. 반면 교양서는 마음 가는 대로 폭넓게 읽고 독서 노트를 만든다. 넓고 얕게 읽어야 하기 때문이다.

왜 이처럼 서로 다르게 읽어야 할까? 경제경영서는 마땅히 읽어야 할 이른바 고전이나 명저라고 불리는 책이 그렇게 많지 않다. 기본적으로 이 책들만 읽는다면 그것으로 충분하다. 좁은 범위를 반복해서 읽으니 내용을 잊을 염려도 없고, 내용은 비즈니스와 직결되는 것이기 때문에 굳이 비즈니스에 대한 시사점을 추출하기 위해 독서 노트를 만들 필요도 없다.

반면 교양서는 고전이나 명저가 명확하지만, 워낙 다양하고 폭넓은 범위를 아우르기 때문에 이들을 전부 읽는 것은 불가능하다. 또 그 내용이 반드시 비즈니스에 직결되는 것은 아니기 때문에 나중에 어떤 형태로 비즈니스에 도움이 될지 지금 시점에서는 알 수 없을 때도 많다. 나중에 돌이켜 생각하거나 참조해야 할 때를 위해 독서 노트를 작성하는 것은 필수다.

세상에는 여러 가지 독서론이 존재한다. 이들의 주장은 서로 상반되는 경우가 많다. 전제가 되어야 할 독서의 목적과 책의 종류를 정리하지 않기 때문에 그런 일이 일어나는 것이다.

예를 들어 특히 논쟁이 되곤 하는 '독서 노트를 작성해야 하는가?'라는 주제에 대해 생각해보자. 나는 이렇게 우스운 논쟁은 없다고 생각한다. 이 질문에 대한 답은 간단하다. 독서 노트의 필요성은 읽고 있는 책의 종류에 따라 다르다.

만약 비즈니스에 관한 지적 생산력을 높이기 위해 교양서를 읽는다면 독서 노트를 만들어야 한다. 그렇지 않으면 그 책에서 끌어낼 수 있는 지적 성과는 큰 폭으로 줄어들 것이다. 왜냐하면 교양서에서 얻을 수 있는 지식은 비즈니스로 즉시 연결되지는 않기 때문이다. 즉, 얻은 지식이 실제로 실용적인 가치를 생산할 때까지 큰 시간차가 생긴다. 얻은 지식을 잊어버리기에 충분한 시간 말이다. 그래서 교양서를 읽을 때는 '필요할 때 되돌아가서 참조하기' 위한 장치가 요구된다. 그것이 바로 독서 노트다.

하지만 같은 목적이라도 경제경영서를 읽는다면 또 다르다. 경제경영서라는 것은 정의부터가 업무에 도움이 되는 시사와 통찰을 담은 책이다. 그러니 책을 읽고 얻은 지식을 '지금, 여기에서' 활용할 수 있다. 망각의 염려는 줄어들고, 당연히 독서 노트를 작성할 필요성도 적다. 또 처음부터 그냥 즐기기 위해 추리소설을 읽는다면 독서 노트를 쓰는 것은 난센스일 것이다. 그런 때는 마음껏 즐기면 된다. 요약하자면, 독서의 접근 방법은 지금 읽고자 하는 책에서 어떤 목적을 위해 무엇을 인풋할 것인지에 따라 달라진다.

인풋은
단기적 시각으로 족하다

성실한 사람이 독학을 계획하는 경우에는 읽어야 할 책을 미래 커리어 목표에서 역산해서 고르는 식으로 접근하려고 할지 모른다. 하지만 나는 이런 장기적인 시각의 독서는 불필요하다고 생각한다. 커리어는 예측할 수도 없고, 예측해야 하는 것도 아니기 때문이다.

성공한 비즈니스맨은 어떻게 커리어를 계획하고 실행하는 걸까? 비즈니스 세계에서 성공하기를 바라는 사람이라면 누구라도 생각해보았을 법한 이 질문에 관해 스탠퍼드 대학의 교육학 및 심리학 교수인 존 크럼볼츠가 연구한 결과가 있다.

크럼볼츠는 이 연구에서 커리어의 80퍼센트는 본인도 예상할 수 없었던 우발적인 사건을 통해 형성된다는 것을 밝혔다. 뒤집어 말하자면, 장기적인 계획을 세우고 그 목적을 달성하기 위해 우직하게 노력하는 것은 별로 의미가 없다는 뜻이다. 커리어의 목표를 명확하게 하고 대상을 한정해버리면 우연히 만날 수 있는 기회가 줄어들어 결과적으로 커리어의 전환점을 불러올 기회를 멀어지게 만든다는 경고다.

크럼볼츠의 연구를 보면, 성공한 사람은 다양한 만남이나 우연을 긍정적으로 즐긴다는 공통점이 있음을 알 수 있다. 이를 독서법에 적용해 생각해보면, 장래의 목표에 맞춰 읽어야 하는 책을 결정해 그 도서목록에만 집중하는 것은 효과적인 독서법이기는커녕 오히려 위험하다고 말할 수 있다. 크럼볼츠는 장기적으로 목표를 정해 그것을 달성하기 위해 한 방향만 바라보고 최선을 다하는 것은 위험하다고 지적한다. 이 지적은 앞으로 점점 더 중요해질 것이다. 세상의 변화가 전보다 훨씬 빨라질 것이기 때문이다.

미국 듀크 대학의 캐시 데이비슨은 "2011년도 미국 초등학교에 입학한 아이들의 65퍼센트는 대학을 졸업할 때 지금은 존재하지 않는 직업에 종사하게 될 것이다"라고 주장했다. 정보화가 진행됨에 따라 우리의 근무 방식은 크게 변화해왔다. 예를 들어 10년 전에는 소셜미디어라는 말은 존재하지도 않았다. 기업이 혁신을 실현할 때마다 업무 환경은 변화하고 새로운 직업이 생겨나며 기존의 전문직은 점점 자리를 바꾸고 있다.

정리해보면, 장래에 분명히 도움이 될 것이라는 이유로 읽어야 하는 책을 선별할 필요는 없다. '지금, 여기'에서 바로 도움이 되거나 아니면 재미있든가 하는, 그 순간에 맞는 선호가 훨씬 중요하다.

지식의 창조는 예정조화하지 않는다

독서를 단기적인 시각으로 바라보아도 괜찮다고 하는 이유가 한 가지 더 있다. 바로 혁신 역시 예정조화하지 않는다는 것이다. 최근 한 대기업에서 혁신의 속도를 높이기 위한 조직과 인재 개발을 도와달라는 요청을 받은 적이 있다. 혁신에 대해 아무래도 상당히 잘못된 오해가 퍼져 있는 것 같다. 아마도 MBA적인 경영 관리의 측면이 강조된 지식이 보급된 것의 부작용일 것이다. 한마디로 '혁신은 체계화가 가능하다'는 오해다. 그리고 그 체계를 가르쳐달라는 요구를 하지만, 이는 어려운 일이다.

스티브 잡스는 《비즈니스위크》와의 인터뷰에서 기자가 "당신은 어떻게 해서 혁신을 체계화했습니까?"라고 묻자 바로 "그런 걸 하면 안 된다"라고 대답했다고 한다.

인문과학이나 자연과학 전반에서 대발견의 역사를 보면, 혁신 그 자체를 체계화하는 것은 불가능하다는 것을 알 수 있다. 혁신이 일어나기 쉬운 조직을 만드는 것은 어느 정도 가능할지도 모른다. 하지만 혁신이라는 건 꽃과 같은 것이라 그것 자체를 인위적으로 만들 수는 없다. 우리가 할 수 있는 것은 꽃을 키우기 좋은 토양과 환경을 마련해 충분한 영양과 햇빛을 받을 수 있도록 하는 것뿐이다.

먼저 "타깃 시장을 명확하게 한 후 혁신을 해야 한다"라는 가설을 생각해보자. 경영서를 몇 권 읽어보면, 개발 초기 단계부터 타깃 고객과 타깃 시장을 명확하게 하는 것을 마치 룰처럼 다루는 내용이 많다. 하지만 이렇게 하면 혁신은 일어나지 않는다. 과거의 위대한 혁신 사례를 살펴보면, 본래 의도한 것과는 완전히 다른 타깃 시장에서 꽃피운 경우가 많다.

예를 들어 비행기가 그렇다. 현재와 같은 원리로 날아다니는 비행기를 실제로 만들어낸 것은 물론 라이트 형제다. 하지만 그들이 사람이나 물건을 운반하는 것으로 대가를 얻는 지금의 항공 산업을 예상해 비행기를 발명한 것은 아니었다. 라이트 형제는 평화를 원했다. 그들은 항공기가 민주적인 정부에서 쓰인다면 넓은 정찰 범위로 인해 전쟁을 억제할 수 있다고 생각했다. 하지만 모두가 아는 대로, 비행기는 미국의 원폭 투하와 베트남 고엽제 살포 등 잔혹한 행위에 사용되었다. 라이트 형제는 죽는 날까지 비행기를 발명한 것을 후회했다고 전해진다.

축음기도 그랬다. 에디슨이 축음기를 발명한 것은 모두 알고 있을 것이다. 그러나 에디슨은 오늘날의 음악 산업을 전혀 예상하지 못했다. 그는 축음기가 속기나 유언을 기록하는 데 쓰일 것으로 생각했다. 그런 물건이 큰 경제적 가치와 연결될 것이라고는 생각하지 못하고 축음기의 아이디어를 재빨리 내다팔았다.

타깃과 시장을 명확하게 한다고 혁신이 가능해지는 것은 아니다. 그렇다고 타깃과 시장을 명확하게 하면 안 된다는 말은 아니다. 여기에서 중요한 것은 '어디에 도움이 될지는 모르겠지만 뭔가 가능성이 있어 보이는' 애매한 영역에 대한 직감이다. 이것이 인류학자인 레비스트로스가 《슬픈 열대》에서 말한 '브리콜라주(Bricolage: 손에 닿는 재료를 짜 맞추어 창조적으로 활용한다는 뜻으로 문화 상품이나 현상을 재구축하는 전술의 일종 - 옮긴이)'다.

레비스트로스는 남미 마투그로수의 인디오들이 정글에서 무언가를 발견하면 언젠가 도움이 될지도 모른다고 생각해 이 물건을 습관적으로 챙겨 온다는 점을 발견했다. 그리고 실제로 이 물건이 나중에 커뮤니티를 위기에서 구하는 경우도 있었다. 그래서 레비스트로스는 이들의 이런 예측 능력이 종족의 존속에 중요한 영향을 끼친다고 설명한다. 그리고 그 신기한 능력, 즉 잘 모르지만 대충 주워 온 물건들을 전혀 예정조화적이지 않은 방식으로 수집해두었다가 필요할 때 써먹는 능력을 '브리콜라주'라고 이름 붙이고 예정조화적인 도구나 지식의 조성과 대비해서 분석했다.

브리콜라주는 사실 프랑스어로 'DIY족'이나 '손으로 하는 간단한 작업'을 의미한다. 마트의 'DIY' 코너에서 흔히 보이는 말로, 평범하게 사용되는 단어다. 레비스트로스가 명명한 브리콜라주는 DIY족처럼 자기가 뭔가를 만들려고 하는 것을 전제로, 언제 쓸지는 모르지만 집에 두면 나중에 쓸 일이 있을 것 같다는 감각을 가리킨다.

이것을 독학 시스템에 적용해 생각해보면, '지금 바로 무슨 도움이 될지는 모르겠지만 이 책은 뭔가 대단해'라고 느끼는 감각이 중요하다는 것이다. 쉽게 설명할 수는 없지만 '이 책을 읽지 않으면 안 될 것 같다'는 이 감각은 뜬구름 잡는 이야기라고 생각할지도 모르지만 정말로 중요하다. 극단적으로 말하자면, 독서를 그 사람의 독특한 지적 전투력에 얼마나 연결시킬 수 있는지 여부는 바로 이 감각을 느끼는 감도에 크게 좌우된다. 사냥꾼이 수풀 건너편의 사냥감의 존재를 알아채는 감각과도 비슷하다고 할 수 있다. 지적인 행위인 독서에도 이런 야성적인 감각이 필요하다.

브리콜라주가 DIY족을 뜻한다는 것은 시사하는 바가 크다. DIY족은 최종적으로 만드는 사람이 '자기 자신'이다. 간단한 일이어도 되고, 만드는 품새가 서툴러도 상관없다. 누가 시켜서가 아니라 어디까지 나 자신이 모은 재료로 무엇인가를 완성하는 것이 핵심이다.

'어쩌면 이건 도움이 될지도 몰라'라는 감각으로 모아온 도구를 나중에 여러 가지로 조합하여 커뮤니티에 도움을 주는 것처럼, 독학 역시 이러한 감각을 가지고 도구를 모아야 한다.

"장래를 미리 내다보고 점과 점을 연결할 수는 없다. 할 수 있는 것은 나중에 짜 맞추는 것뿐이다. 그러니까 우리는 지금 하고 있는 일이 언젠가 인생의 어딘가로 이어져 열매를 맺을 거라고 믿는 수밖에 없다."

스티브 잡스(스탠퍼드 대학 졸업 연설에서)

목적 없는 공부야말로
나중에 빛이 된다

"독서는 단기적 시각으로 족하다"는 말을 달리 표현하면 "목적 없는 인풋이야말로 중요하다"는 것이다. 왜냐하면 목적 없는 인풋을 해본 적이 없는 사람은 가장 중요한 시기에 아웃풋을 할 수 없기 때문이다.

이에 대해 좀 더 자세히 설명해보겠다. 우선 기본적인 전제부터 확인하자면, 바로 "아웃풋과 인풋의 양은 장기적으로 일치한다"는 것이다. 즉, 인생 전체로 본다면 아웃풋의 양과 인풋의 양은 같다는 말이다. 사람은 아웃풋을 하면서 인풋도 하는데, 만약 인풋하지 않으면서 아웃풋만 하면 언젠가는 바닥이 나는 것은 당연하다.

연달아 베스트셀러를 내놓아 기세가 대단했는데 갑자기 아웃풋이 뚝 끊기고 만 저자도 있고, 머릿속이 도대체 어떤 구조인지

궁금할 정도로 끊임없이 계속 책을 내는 저자도 있다. 예를 들어 메이지 대학의 사이토 다카시 교수는 근 10년 사이에 연간 20~30권을 내는 놀라운 집필력을 자랑했다.

이처럼 아웃풋이 중단된 사람도 있는 반면 장기간에 걸쳐 아웃풋의 질과 양을 유지할 수 있는 사람도 있다. 이 차이는 어디에서 생겨나는 것일까?

계속 아웃풋을 내놓는 사람을 관찰해보면 인생 어딘가에서 계속해서 인풋을 한 시기가 있다는 것을 알 수 있다. 예를 들어 앞서 말한 사이토 다카시 교수는 대학원 석사 시절부터 박사후과정 시절까지 오로지 계속 인풋만 하던 때가 있었다.

이 사실에서 얻을 수 있는 통찰은 다음과 같다. '인풋은 아웃풋이 필요할 때 닥쳐서 하면 된다'거나 '아웃풋의 목적이 정해지지 않은 인풋은 비효율적이다'라는 것은 심한 오해다. 또한 별다른 목적 없이 오로지 흥미만으로 인풋에 열중하는 시기가 없으면 진정으로 강력하고 독특한 지적 전투력을 익힐 수 없다는 것이다.

이는 경제학적으로 생각해보면 이른바 기회비용의 문제라고 할 수 있다. 예를 들어 아웃풋이 일시적으로 먹혀 연달아 일이 성공하는 상황에서 인풋을 위해 공부하는 것은 기회비용이 크다. 한정된 시간을 집필이나 강연에 사용하면 돈이 되지만, 공부 자체로는 돈을 만들어내지 못하기 때문이다. 즉, 실제로 아웃풋에 집중해야 할 상황에서 인풋에 투자하는 것은 기회비용이 크다는 뜻이다.

이 기회비용을 줄이려면 어떻게 해야 할까? 대답은 하나밖에 없다. 아직 누구에게도 "책을 써주세요", "조언 부탁드립니다", "도움을 요청합니다"라는 말을 듣지 않는 시기, 시간이 남아나는 시기에 마음껏 인풋을 하는 것이다.

일반적으로 사람들이 알고 있는 상식과는 조금 다른 이야기일지도 모르겠다. 대부분의 직장인은 공부에 대해서 언젠가 필요해지면 하면 된다고 생각한다. 그것이 합리적이라는 주장도 한다. 하지만 나는 절대로 그렇지 않다고 생각한다.

필요해질 때라는 것은 이미 '무대에 섰을 때'라는 뜻이다. 그 상황에서 공부를 한다면 벼락치기나 수박 겉핥기 식의 인풋이 될 수밖에 없다. 자기만의 독특한 관점이나 다른 장르에 대한 식견을 조합한 독자적인 솔루션 같은 것은 내놓기 어렵다.

인생에서 대량의 인풋이 가능한 시기는 다른 사람에게 아웃풋을 요구받지 않는 시기, 인풋을 하기 위한 기회비용이 적은 시기이다. 그리고 아웃풋을 요구받을 때 그 사람만의 독특한 지적 아웃풋을 만들어낼 수 있는지 여부는 이 시기의 인풋으로 축적한 것에 달려 있다. 젊을 때 목적 없이 마구잡이로 공부하는 것이야말로 지적 생산력을 계속해서 유지하기 위해 가장 중요한 것 중 하나다.

"독서법은 단 한 가지, 닥치는 대로 읽는 것이라는 의견이 있다. 나도 이 의견에 대찬성이다. 독서법은 그것밖에는 없다. 바꾸어 말하자면, 호기심을 잃지 말라는 말이 될 것이다. 특히 젊었을 때는 절대적으로 닥치는 대로 읽을 필요가 있다. 극단적으로 말해 닥치는 대로 읽는 시기가 없는 사람은 대성할 수 없다고 할 수 있다."

야마구치 히토미, 《속 예의작법입문》

너무 마음에 맞는
인풋은 조심한다

한편, 마음에 맞는 인풋은 주의해야 한다. 마음에 맞는 인풋이라는 것은 공감할 수 있는 인풋이라는 뜻이다. 이런 인풋은 말 그대로 '마음 편한' 것이어서 주의하지 않으면 이런 인풋만 잔뜩 받아들이기 쉽다. 그러나 이것이야말로 정말로 위험하다. 이런 인풋만 받아들이다가는 바보가 되기 때문이다.

동질성이 높은 의견과 논고만 접한다면 지적 축적이 극단으로 치우쳐 독선에 빠질 가능성이 있다. 심리학자인 어빙 재니스는 동질성이 높은 사람들이 모이면 의사결정의 질이 현저하게 낮아지는 경향이 있다는 것을 증명했다. 재니스는 피그만 침공 사건 (1961년 쿠바의 카스트로 정권을 무너뜨리기 위해 미국의 지원 아래 훈련된 망명자로 구성된 게릴라가 벌인 쿠바 상륙작전-옮긴이)과 베트남 전쟁 등 '대단히 총명한 사람들이 모여서 극히 빈약한 의사결정을 하게 된' 수많은 사례를 들며, 이와 같은 '의사결정 품질을 파괴하는 메커니즘'을 '그룹싱크groupthink'라고 이름 붙였다. 이 외에도 많은 조직론 연구가 다양한 의견 충돌에 의한 인지적 부조화가 양질의 의사결정으로 연결된다는 것을 보여주고 있다.

요약하자면, 아무리 지적 수준이 높은 사람들이라도 비슷한 의견이나 지향을 가진 사람들이 모이면 지적 생산의 퀄리티는 낮아진다는 것이다. 이는 개인의 지적 축적에 대해서도 마찬가지다. 긍정과 부정이 더 높은 차원에서는 같은 것이라고 말한 지그문트 프로이트는 강한 긍정(=애정)은 강한 부정(=증오)과 종이한 장 차이이고, 양쪽 모두 심리학적으로 전이가 발생하는 상태라고 언급한 바 있다. 이 상태의 반대는 무관심, 즉 선이의 해제가 된다. 책을 읽으면서 강한 반감이나 혐오감을 느낄 때 그 정보는 사실 우리 안의 무엇인가와 공명하고 있다. 헤르만 헤세의 《데미안》안에는 이런 구절이 있다.

"우리가 어떤 사람을 미워할 때 우리는 그의 모습에서 우리 내면에 도사리고 있는 무언가를 찾아내 미워하는 것이다. 우리 자신의 내면에 없는 것이라면 우리를 흥분시키지 않을 테니까."

강한 분노나 혐오감은 자신 안의 어떤 아픔을 가리키고 있을 가능성이 있다. 예를 들어 상담을 할 때 좋아하는 것보다는 싫어하는 것을 묻는 편이 그 사람의 내면 깊은 곳으로 파고들 수 있다고 한다. 지금까지 인생에서 가장 큰 분노를 느꼈던 경험을 떠올려보고, 왜 그렇게까지 강한 분노를 느꼈는지 찬찬히 생각해볼 필요가 있다. 아마도 그것은 자기에게 가장 소중한 것이 유린 당했다고 느꼈기 때문일 것이다. 분노라는 부정적인 감정을 반사판으로 삼으면 자신이 가장 소중하게 여기는 것에 귀를 기울일 수 있다. 강한 반감이나 혐오감을 떠올릴 때는 그것도 메모해두자. 나중에 여러 가지 깨달음으로 이어질 것이다.

> "하찮은 일이라도 일단은 자신의 지적 양심을 바쳐버리면, 그렇게 쉽게 굽히려고 하지 않게 된다. 자신이 품고 있는 신조는 기본적으로 옳은 것이라고 자신을 설득함으로써 자기 희생을 정당화하려고 하거나, 이 자기희생이 요구되고 있는 지도 모르고 어떤 사소한 도덕적 또는 지적 양보보다 낫다고 간주하게 된다. 이러한 도덕적 또는 지적 희생을 치를 때마다 점점 깊숙이 빠져든다. 그 신조에 쏟아부은 도덕적 그리고 지적 투자를 또 다른 투자로 보강하려는 생각이 든다. 그것은 손실을 회복하려고 더욱더 손해를 거듭해가는 것과 비슷하다. 나는 이 메커니즘이 나의 경우에 어떻게 작용했는지 알고 오싹했다."
>
> **칼 포퍼, 《끝없는 탐구》**

쓰레기가 들어가면
쓰레기가 나온다

시스템 용어에 "가비지 인 = 가비지 아웃garbage in = garbage out"이라는 말이 있다. 시스템이 아무리 우수하더라도 들어간 정보가 쓰레기 같다면 쓰레기처럼 별 볼 일 없는 아웃풋밖에 나오지 않는다는 것을 지적하는 말이다. 이 말은 독학 시스템에서도 적용할수 있다. 아무리 우수한 독학 시스템을 구축한다고 해도 쓰레기 같은 인풋을 계속 넣으면 영원히 쓰레기 같은 아웃풋밖에 만들어낼 수 없을 것이다.

그렇다면 어떻게 쓰레기를 선별할 수 있을까? 이는 꽤 어려운일이다. 우선은 명저 혹은 고전이라고 불리는 것, 어느 정도 확실한 평가를 받은 인풋을 파악해야 한다. 예를 들어 경영학이라면, 평가가 확립되지 않은 신간을 넓고 얕게 읽는 것보다 이미평가가 확립된 이른바 명저를 확실히 읽고 이해해두는 것이다.

이런 책들은 그리 많지도 않다. 기껏해야 20~30권 정도일 것이다. 평가가 확립되지 않은 신간을 이것저것 뒤적거리는 것보다는 이런 고전들을 반복해서 읽고 생각하는 편이 시간당 비용효과가 높다고 생각한다.

퍼스널컴퓨터라는 개념을 세계에 처음으로 내놓은 앨런 케이는 연구소 시절 반년간 다른 일은 아무것도 하지 않고 한 권의 책만 집중해서 몇 번이나 반복해 읽음으로써 "컴퓨터는 계산기라는 틀을 벗어나 언젠가는 미디어에 가까운 것이 될 것이다"라는 혁명적인 아이디어에 도달했다고 한다. 그 책이 바로 마셜 매클루언의 《구텐베르크 은하계》이다. 이 에피소드는 깊고 충실하게 읽을 만한 책을 찾아내 그것을 되풀이해서 읽는 것의 중요성을 시사하고 있다.

일반적으로 지적 생산에 뛰어난 사람이라고 하면 많은 책을 닥치는 대로 읽는 이미지가 떠오를지도 모르지만, 반드시 그런 것은 아니다. 언뜻 보기에는 그렇게 보일 수도 있지만, 내 경험으로 보면 그들은 틀림없이 '깊고 날카롭게 읽어야 하는 책을 발견하기 위해 대량의 책을 얕게 대충 훑어보고 있는 것'이다.

깊이와 넓이는 서로 대립한다. 깊고 넓게 읽는다는 것은 일종의 모순이다. 넓게 읽으면 반드시 얕아지고, 깊게 읽으면 반드시 좁아진다. 그리고 그 사람의 지적 생산의 바탕이 되는 축적은 얄팍한 독서에서는 얻을 수 없다. 깊이 있는 책을 그야말로 저자와 맞붙을 듯한 기세로 읽음으로써 그 독서 체험이 결정화되어 지적 축적에 공헌하는 것이다.

그런 독서법을 반복하면서 어느 정도 고전이나 명저에 정통해지면 '쓰레기'에 대해 눈이 뜨이게 될 것이다. 표지만 보고 혹은 쓱 훑어만 봐도 '아, 이건 쓰레기야'라고 바로 판별할 수 있게 된다. 더 이상 쓰레기를 늘리지 않기 위해서라도 우선은 쓰레기를 먹지 않아야 한다.

"어떤 것을 먹고 있는지 말해보게.
자네가 어떤 사람인지를 맞춰보겠네."

브리야 사바랭, 《브리야 사바랭의 미식 예찬》

미래를 만들기 위해
고전을 읽는다

쿠바의 영웅 체 게바라는 대단한 독서광으로 책이 없으면 살 수 없는 사람이었다고 하다. 그런 그가 게릴라 활동을 하던 콩고의 정글에서 집에 있는 부인에게 책을 보내달라고 부탁한 편지가 남아 있다. 그런데 이 목록이 대단하다.

· 핀다로스《축승전가》
· 아이스킬로스《비극 전집》
· 소포클레스《비극 전집》
· 에우리피데스《비극 전집》
· 아리스토파네스《희극 전집》
· 헤로도토스《역사》의 7권 새로운 책
· 크세노폰《그리스 역사》

- 데모스테네스《정치연설》
- 플라톤《대화》
- 플라톤《국가》
- 아리스토텔레스《정치학》
- 플루타르코스《영웅전》
- 세르반테스《돈 키호테 데 라만차》
- 라신《희곡》전권
- 단테《신곡》
- 아리오스토《광란의 오를란도》
- 괴테《파우스트》
- 셰익스피어 전집
- 《해석기하학의 연습》

모두 고전 중의 고전이다. 인공적으로 새로운 나라를 만들려는 혁명에 발을 담근 사람이 참고서로 고른 것이 가장 가까운 것도 수백 년, 길게는 1000년도 더 전의 시대에 쓰인 책이었던 것이다. 이 이야기는 미래를 예측하는 것이 어려운 시대를 살아가는 우리에게 하나의 교훈을 보여준다.

에도 시대의 경이로운 석학 오규 소라이도 부친의 실각과 함께 책이 거의 없는 시골에 칩거해야 했던 시기가 있었다. 할 수 없이 겨우 손에 넣은 몇 권의 고전, 특히 부친이 필사한 하야시라잔의 《대학언해》를 10년이 넘는 시간 동안 계속 반복해서 읽어 결국 그 책을 거꾸로 암송할 수 있을 정도가 되었다고 한다. 그리고 칩거가 풀리고 스물다섯 살에 에도에 돌아왔을 무렵에는 이미 중진인 국학자와 토론해 전부 이길 정도로 '지식의 괴물'이 되었다. 어쩌면 최신 지식이나 정보를 원하는 대로 고를 수 있다는 것은 지성을 키운다는 측면에서는 매우 위험한 것인지도 모른다.

자기 역량에 맞는 인풋을

그러나 자신의 수준에 맞지 않는 난해한 책을 무리해서 읽으려고 하면 이것은 이것대로 문제가 있다. 확실히 이른바 명저나 스테디셀러라고 분류된 책은 내용이 어느 정도 보증되어 읽어보면 '꽝'일 확률은 낮지만, 그렇다고 해서 '뭐라고 하는지 알 수가 없네'라는 생각을 하면서 이를 악물고 읽어봤자 결국 소화를 못 시키고 헛수고로 끝날 뿐이다.

물론 그 의미를 제대로 이해하지는 못하더라도 "자크 라캉은 이렇게 말했지"처럼 지적 허영을 부릴 수는 있을지 모른다. 하지만 인풋의 목적을 지적 전투력의 향상에 두고 있다면 그것은 무의미한 독서일 뿐이다. 스스로 흡수해 충분히 이해할 수 없는 내용은 아무리 인풋을 해도 소화해낼 수 없어 결국 피와 살이 되지 못하고 그냥 스쳐 지나가버리게 될 것이다.

지적 전투력의 향상에 공헌하는 실질적인 지적 축적을 만들기 위한 목적을 가지고 있다면, 아무리 높은 평가를 받고 많은 사람들이 칭찬하는 책이라도 자신이 마음속으로 재미있다고 생각할 수 없다면 그 책에는 단 하나의 가치도 없다고 판단해도 된다.

나쓰메 소세키의 《그 후》에서는 사업을 하는 무학의 아버지와 그 아버지를 마음속 깊이 경멸하고 있는 아들 다이스케 사이에 이런 대화가 오간다.

> "아버지는 논어니 왕양명이니 하는 금덩어리를 그냥 그대로 받아들이시니까 그렇게 말씀하시는 거예요."
> "금덩어리라는 건⋯⋯."
> 다이스케는 잠시 말없이 있다가 겨우 이렇게 말했다.
> "덩어리 그대로 나오는 겁니다."

여기에서 다이스케가 말하는 '금덩어리'는 세상에서 높이 평가받고 있는 고전이나 명저라고 생각하면 된다. 그것을 잘근잘근 잘 씹어 자기 것으로 만들지 못하고 그대로 삼켜버리고는 주변 사람들에게 다시 토해낸다는 비난이다. 잘게 씹어서 사금으로 만들지 못하고 덩어리째 꿀꺽 삼켜버리므로 다른 사람에게도 덩어리인 채로 토해내기만 할 뿐인 '얄팍한 지성'을 비유해서 비난한 것이다.

한 개인이 어느 책을 재미있다고 생각할지 재미없다고 생각할지는 그 사람의 능력과 처한 상황, 즉 문맥에 의해 결정된다. 예를 들어 아무 성과도 없는 사업으로 허탈감을 얻은 경험이 있는 사람이라면 마르그리트 뒤라스의 《태평양의 방파제》에 강하게 공감할 것이다.

책이라는 것은 사람과 마찬가지로 만난 장소와 때에 따라 엮이는 방향이 진혀 달라신다. 뒤집어 말하자면, 예전에는 재미있다고 생각하지 못했던 책이라도 문맥이 바뀌면 또 다르게 다가온다.

나는 많은 책들에서 수없이 그런 체험을 했다. 학창 시절 그렇게나 어렵게 다가왔던 사르트르나 라캉의 책을 중년이 되어 다시 읽으면 신기하게도 쏙쏙 이해가 되는 것은 왜일까? 아무리 노력해도 다 읽히지 않던 조직행동론이나 심리학 책을 지금 이렇게 재미있다고 느끼면서 읽는 이유는 무엇일까?

머리가 좋아져서가 아니다. 바로 '지금, 여기'에 있는 내가 놓인 문맥이 예전과는 달라져서다. 다시 한번 강조하지만, 내 문맥에 맞는 인풋을 해야 한다.

"독서에는 시기가 있다. 책을 배트 중심에 정확히 맞추기 위해서는 때를 기다려야만 할 때가 종종 있다. 하지만 그 이전에 젊은 시절 기억에 엉겨 붙은 것을 새기기만 하는, 삼진 아니면 파울을 치는 것 같은 독서법도 허송세월은 아니다."

오에 겐자부로, 《'나'라는 소설가 만들기》

관련 분야를
확실히 하고 읽는다

앞에서 나는 인풋된 내용은 모두 잊는다는 것을 전제로 해야 한다고 말했다. 그러나 인풋된 내용을 망각하지 않고 정착시키는 효율적인 독서법이 있다. 바로 '관련 분야를 묶어서 읽기'다. 어떤 분야의 책을 한 시기에 몰아서 읽으면 한 권 한 권의 내용이 상호 연관되어 보다 단단히 머릿속에 정착된다. 이때 책과 책 사이에는 메타포(metaphor: 은유)와 메토니미(metonymy: 환유)라는 두 종류의 관계가 있다는 것을 이해하면 지식의 구조화가 한결 쉬워진다.

일본어에서는 은유도 환유도 뭉뚱그려 메타포라고 하지만, 엄밀히 말하면 이 둘은 다르다. 예를 들어 베네치아를 '곤돌라의 거리'라고 비유하는 것은 메토니미이고, '아드리아해의 보석'이라고 비유하면 메타포가 된다.

그리고 이 메토니미적 독서를 통해 책과 책 사이에 종적인 계층 구조를 만들 수 있다. 베네치아에 관한 책을 읽고 베네치아에 흥미가 생긴다면, 다음에는 곤돌라나 베네치아가 수송 요청을 받은 제4차 십자군에 대해 조사해보는 식이다.

초보자를 대상으로 하는 쉬운 책부터 시작해 더 깊게 공부하고 싶은 영역에 대해서는 전문서를 펼치는 접근 방식도 메토니미적 독서라고 할 수 있다. 책 각각의 내용이 계층 구조가 되기 때문에 전체의 형상을 떠올리기 쉽다는 것이 메토니미적 독서의 이점이다.

한편, 메타포적 독서에서는 독서의 대상이 되는 영역이 횡으로 중첩된다. 예를 들어 리더십론을 읽고 처음으로 남극점 도달에 성공한 아문센에 흥미를 느끼게 되어 다음으로는 아문센의 남극 탐험기를 본다면, 메타포적 독서라고 할 수 있다.

이런 독서로 얻을 수 있는 이점은 두 가지가 있다. 순수하게 자신이 흥미를 느낀 대상을 그때그때 조정해나가게 되므로 흥미를 유지하기 쉽고, 따라서 정착 효율이 높아진다. 두 번째로는 동기부여가 된 책과 독서를 발전시켜 도달하게 된 책이 구조 관계를 형성하기 때문에 깊고 확실한 이해가 촉진된다는 점이다.

예를 들어 리더십에 관한 책을 읽다가 아문센에 흥미를 느끼고 다음으로는 아문센의 전기를 읽는 식으로 흘러감으로써, 리더십론의 큰 틀을 가지고 아문센의 행동을 분석하는 한 단계 깊은 독서 체험이 가능해지는 것이다.

뒤집어 말하자면, 리더십이라는 영역에 대해 이론만 공부하면 책을 읽은 얼마 후 그 내용을 깨끗이 잊어버릴 수도 있다. 하지만 아문센이라는 구체적인 사례로 이를 보강함으로써 자신만의 정리를 할 수 있게 되고, 다른 사람에게 이야기할 때 설득력도 배가되는 효과 또한 기대할 수 있다.

직소 퍼즐을 하다 보면 어느 순간 갑자기 그림 전체의 모습이 떠오를 때가 있다. 독서도 이와 마찬가지다. 누적된 독서량이 어느 단계를 넘어 읽은 책과 책 사이의 관계성이 보이기 시작하면 독서 속도에도 가속도가 붙는다.

예를 들어 나의 경우 1년에 약 300권 내외의 책을 읽지만, 실제로 모든 내용을 꼼꼼하게 읽는 것은 아니다. 이미 알고 있는 것, 이해하고 있는 것은 휙휙 넘어간다. 아마 내용 전부를 제대로 읽는 것은 전체의 10퍼센트 정도인 30권 정도일 것이다. 나머지 책은 새로운 부분이나 정말로 인상적인 부분만 발췌해서 읽어 내려가면서 머릿속에서 다른 책들과의 연결에 기초해 정리 및 구조화를 한다.

독서의 속도는 누적된 독서량에 좌우된다. 하지만 그저 넘겨 읽는 데만 그친다면 책들 사이에 형성된 네트워크는 임계밀도에 도달하지 못하고 직소 퍼즐의 전체 그림은 떠오르지 않을 것이다. 중요한 것은 책과 책 사이의 관계를 메타포와 메토니미의 구조로 파악하는 것이다. 이 관계성의 끈으로 책들을 서로 묶어나가면서 퍼즐 조각을 채워나간다면 그림이 빨리 떠오를 것이다.

"이른바 머리가 좋은 사람은, 말하자면 발이 빠른 나그네와 같다. 남이 아직 가지 않은 곳에 남들보다 먼저 도달할 수 있는 대신, 지나친 길 가장자리 혹은 조금 벗어난 샛길에 있는 중요한 것을 간과할 우려가 있다."

데라다 도라히코,《과학자와 머리》

교양주의의 함정에
빠지지 않는다

요 몇 년 사이에 직장인들 사이에서 '교양' 붐이 일어났다. 나는 학부도 대학원도 철학과 출신이라 이른바 교양이 지적 생산의 현장에서 얼마나 강력한 무기가 되는지를 이미 절실하게 이해하고 있기 때문에 이 붐은 좋은 경향이라고 생각하고 있다. 하지만 한 가지 유의해야 할 것이 있다. 그것은 교양의 습득 자체를 목적으로 하는 사람이 많다는 것이다.

중요한 것은 교양을 습득해 유연한 지성을 키우는 것이고, 또한 그것을 통해 진정한 의미로 풍요로운 삶을 사는 것이다. 이런 목적에 비추어 생각해보면 머릿속에 써먹지도 못할 교양을 가득 채우는 데만 급급해하면 오히려 역효과가 날 수도 있다. 교양을 일의 성과를 높이는 데 활용하지 않기 때문이다. 대신 일에서 좀처럼 성과를 내지 못하는 것을 교양을 과시하는 걸로 보강하려는 것처럼 보이는 경우가 많다.

다음 페이지의 [그림4]를 보면 이해하기 쉽다. [그림4]는 세로축은 '일을 잘한다/못한다', 가로축은 '교양이 있다/없다'로 되어 있는 매트릭스다. 이 중에서 가장 바람직한 것은 물론 '일을 잘하고 교양도 있는 사람'이겠지만, 그런 사람은 별로 없을뿐더러 문제도 되지 않는다.

반대로 문제가 되는 것이 '일은 잘하지만 교양이 없는 사람'과 '교양은 있지만 일은 못하는 사람'이다. 이 가운데 어느 쪽이 더 우위를 차지할까? 답변은 사람마다 다르겠지만, 바로 이 '사람마다 다름'이라는 것 때문에 교양주의로 도피한 사람이 승기를 잡고 있는 것처럼 보인다.

단순하게 일 잘하는 사람과 일 못하는 사람을 비교할 때 후자를 선호하는 사람은 없을 것이다. 그런데 후자에 속하는 사람이 그 콤플렉스를 보충하는 또 다른 평가 기준으로 '교양'이라는 것을 선택한다면 이는 매우 강한 경쟁력을 지닌다.

왜냐하면 일을 잘하는 사람 대부분은 너무 바빠 두툼한 고전문학이나 난해한 철학책을 읽을 시간이 없기 때문이다. 그래서 일과 교양은 서로 트레이드오프trade off, 즉 이율배반 관계에 있다. 더 솔직하게 말하자면 '교양'은 일을 잘하는 많은 사람에게는 급소인 것이다.

"○○씨는 참 우수하죠."

"아, 그렇군요. 그런데 교양은 없잖아요, 그 사람."

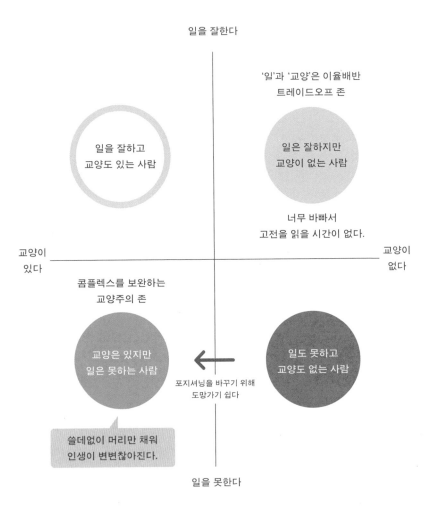

그림 4 교양주의의 메커니즘

일을 잘한다

'일'과 '교양'은 이율배반
트레이드오프 존

일을 잘하고
교양도 있는 사람

일은 잘하지만
교양이 없는 사람

너무 바빠서
고전을 읽을 시간이 없다.

교양이
있다

교양이
없다

콤플렉스를 보완하는
교양주의 존

교양은 있지만
일은 못하는 사람

일도 못하고
교양도 없는 사람

포지셔닝을 바꾸기 위해
도망가기 쉽다

쓸데없이 머리만 채워
인생이 변변찮아진다.

일을 못한다

누군가를 평가할 때 이렇게 말할 수 있으면 기분이 얼마나 좋을까 하고 생각하는 사람도 있을 것이다. 그런 사람의 마음도 이해는 간다. '일을 못한다'는 것은 현대 사회에서 사형선고와도 같은 것이기 때문이다. 그래서 지금까지 회사에서나 사회에서 주목을 받아본 적 없는 사람이 일 잘하는 사람에게 자기 나름대로 '별도의 사형선고'를 내리기 위해 다른 경쟁의 틀을 설정하여 자기만족에 빠질 수 있다. 나는 이것이 교양주의가 지나치게 만연해 있는 이유가 아닐까 생각한다.

이렇게 보면 일 못하는 사람들이 자신의 포지셔닝을 바꾸기 위해 교양주의로 옮겨가는 것은 얼핏 보면 합리적인 것 같다. 하지만 사실은 전혀 합리적이지 않다. 왜냐하면 교양을 머릿속에 쌓아두기만 해서는 인생의 풍요로움은 전혀 얻을 수 없고, 오히려 비뚤어진 사람이 되기 쉽기 때문이다.

중국 전한 시대의 역사가인 사마천은 《사기열전》에서 "아는 것이 어려운 것이 아니다. 알고 있는 대로 처신하는 것이 어려운 것이다"라고 했다. 세상에는 '알고 있는 것' 자체를 마치 패션처럼 생각해 허세를 부리며 흡족해하는 사람이 넘쳐나고 있지만, 사마천이 그 옛날 지적했듯이 중요한 건 알고 있는 것 자체가 아니라 알고 있는 것을 보다 나은 삶을 위해 사용하는 것이다.

따라서 교양을 익혀 무엇을 얻으려고 하는지, 단순히 콤플렉스를 가리려는 것은 아닌지 생각해볼 필요가 있다. 안이하게 교양주의로 도피하는 것은 자신의 인생을 더욱 하찮은 것으로 만들 가능성이 있다는 것을 잊어서는 안 된다.

스티브 잡스의 명언 "진짜 아티스트는 상품을 내놓는다"라는 말도 마찬가지다. 디자인에 관해 연설을 늘어놓는 것이 아니라 실제 상품으로 세상에 충격을 줘보라고 도발하는 이 말은 바꿔 말하면 "진정한 교양인은 풍부한 인생을 영위한다"라는 것이지 않을까?

"저 사람 요즘 좀 활발하게 활동하는 것 같은데, 키르케고르도 모른다며?"라고 지껄이는 교양주의자에게는 "그러는 넌 키르케 고르까지 읽은 주제에 일도 잘 못하는 것 같은데"라고 돌려줘보 자. "행복해지는 데 일을 잘하는지 못하는지가 무슨 상관이야. 교양이야말로 중요한 거야"라는 말이야말로 '교양 없음'을 보여 준다는 사실을 잊지 말아야 한다.

"아는 것이 힘이라는 것은 말도 안 되는 소리다. 더없이 많은 지식을 익혀도 그것이 조금의 힘도 되지 않는 사람이 있고, 반대로 지식이 거의 없어도 최고의 권력을 휘두르는 사람이 있다."

쇼펜하우어, 《지성에 대하여》

정보는 양보다 밀도

독학에서 가장 중요한 것 중 하나는 인풋하지 않을 정보를 정하는 것이다. 독학의 목적을 '지적 전투력의 향상'으로 삼는다는 것은 바꿔 말하면 독학 시스템의 아웃풋을 향상시킨다는 의미이다. 하지만 요즘처럼 정보가 넘쳐흐르는 상태에서 시스템의 핵심은 인풋된 정보의 양보다는 그것을 추상화하고 구조화하는 처리 능력에 달려 있다.

즉, 무조건적인 인풋의 증가보다는 장래의 지적 생산으로 연결될 가능성이 있는 인풋의 순도를 얼마나 높일 수 있는지가 중요하다. 이해하기 쉽게 말하자면 양보다 밀도가 중요하다는 말이다. 때문에 '테마'를 설정하고 그 테마에 따라 인풋을 정해야한다.

'정보'라는 말은 영어로 '인포메이션information'과 '인텔리전스

intelligence'라는 두 가지 단어로 번역된다. 미국의 첩보조직 CIA Central Intelligence Agency는 중앙정보국으로 번역되지만 CIA의 I는 인포메이션이 아니라 인텔리전스다. 그렇다면 인포메이션과 인텔리전스는 무엇이 다를까?

지적 전투력을 높인다는 목적에 비추어 생각하면 두 단어의 차이는 '그 정보를 취득한 것으로 의사결정의 품질이 오르는가?'라는 질문에 대한 답에 있다. 인포메이션이 단순히 정보를 가리키는 말이라면, 인텔리전스는 정보에서 얻은 시사와 통찰을 통해 의사결정의 품질을 높일 수 있음을 뜻한다.

앞에서도 말했지만 나는 뉴스는 거의 보지 않는다. 유명한 아이돌 그룹 SMAP이 해산했다는 빅 뉴스도 시간이 꽤 흐른 다음에 우연히 택시에 같이 탄 동료가 이야기해주어 처음 알게 되었을 정도다.

이것을 앞에서 살펴본 '정보의 취득 → 시사점 추출 → 행동에 반영'이라는 구조에 대입해 생각해보자. "SMAP이 해산했다"라는, 아마도 막대한 에너지와 시간을 들여 유통시킨 정보에는 단하나의 가치도 없다는 것을 알 수 있을 것이다. SMAP이 해산을 했든 안 했든 간에 나는 그것에서 내 행동의 변화에 직결될 어떤 시사나 통찰도 얻을 수 없었다. 세상에 흘러넘치고 있는 정보 대부분은 누가 이혼을 했다거나 바람을 피웠다거나 하는, '내 인생과는 아무래도 상관없는' 정보다.

그러고 보니 빌바오의 구겐하임 미술관 설계로 유명한 건축가

프랭크 게리는 도쿄대 건축학과의 수업에서 다음과 같이 말한 적이 있다.

"여러분도 실험을 한 가지 해보면 이해할 수 있을 것이다. 한 달간 신문을 읽는 것을 멈춰보라. 그렇게 한 달이 지나서 주위를 둘러보면, 모르면 안 될 중요한 것들은 대체로 알고 있다는 사실을 깨닫게 될 것이다. 건축 출판물에 대해서도 똑같은 이야기를 할 수 있다. 실은 나는 4~5년 동안 어떤 잡지도 구독하지 않았던 시기가 있었다. 하지만 건물에 대해 모르면 안 되는 것, 알아야만 하는 중요한 것은 제대로 알고 있었다. 잡지를 읽거나 검토하는 데 시간을 투자하지 않아도 그런 정보는 어디에서든 다 들어오게 된다."

도쿄대학 공학부 건축학과 안도 다다오 연구실 편, 《건축가들의 20대》

정보에 가치가 있다고 생각하는 이유는 아마 정보처리에서의 핵심이 정보의 양이었던 시절의 잔재일 것이다. 하지만 최근의 정보처리에서 병목 현상은 정보처리 용량 때문에 나타난다. 이른바 '빅데이터'가 문제가 되는 것이다.

빅데이터라는 이름 때문에 데이터의 양이 핵심인 것처럼 보이기 쉽지만, 사실은 누구라도 접속할 수 있는 대량의 데이터에서 자신에게 의미 있는 통찰을 추출해낼 수 있는 방법, 즉 '정보처리 능력'에 대한 이야기이다. 이를 개인에게도 적용해보면, 오히려 적극적으로 정보를 차단하고 자신에게 의미 있는 통찰과 시사를 얻을 수 있는 영역에 자신이 지닌 정보처리 능력의 초점을 맞추는 것이 중요하다고 할 수 있다.

> "그대 자신이 마음으로부터 느낀 것과, 사무치도록 마음을 움직인 것을, 아무쪼록 소중히 해야 하네. 그것을 잊지 않도록 하고, 그 의미를 잘 생각해 나가도록 하게나."
>
> **요시노 겐자부로, 《그대들, 어떻게 살 것인가》**

사람이 가장 효율적인
독학의 미디어

인풋의 리소스가 되는 것이 독서만 있는 것은 물론 아니다. 영화나 인터넷, 광고 등도 독학을 위해 유효한 리소스이며, 특히 '사람'은 특별히 유효한 독학 자원이다.

예를 들어 나는 워크숍이나 회식 장소에서 자주 셰익스피어의 희곡에 나오는 대사를 인용한다. 그렇다고 내가 실제로 셰익스피어의 희곡을 읽고 대사를 외우고 있는 것은 전혀 아니다. 사실 아버지께서 영문학이 취미여서 저녁식사 시간에 자주 "셰익스피어의 《맥베스》에 이런 대사가 있는데……"라고 이야기를 꺼내시곤 했다. 게다가 아버지는 같은 이야기를 몇 번이나 하는 분이었다. 어렸을 때부터 그런 아버지 밑에서 자라면 기억하지 못할 수가 없다.

레이 브래드버리의 원작을 프랑수아 트뤼포가 영화화한 〈화

씨 451〉에서는 텔레비전만이 미디어로 인정되고 모든 활자가 금지된 기괴한 미래사회를 그리고 있다. 그 사회에서 체제에 반항하는 사람은 각각 한 권의 책을 통째로 암기하도록 시킨다. 즉, 이 세계에서는 문자 그대로 '인간이 미디어'가 되는 것이다.

그런데 사실 역사를 돌아보면, 사람은 오랫동안 정보의 전달과 축적을 담당한 가장 중요한 미디어였다. 예를 들어 중세시대의 학자들은 몇 권이나 되는 책을 통째로 기억했다. 특히 토마스 아퀴나스 같은 학자는 외우고 다니는 책이 몇십 권에 이르렀다. 일본으로 눈을 돌리면 일본의 국학을 연 오규 소라이는 하야시 라잔의《대학언해》를 10년 이상에 걸쳐 반복해서 읽은 결과, 그것들을 거꾸로 외워 암송할 수 있을 정도가 되었다. 그들은 살을 베면 글자가 피처럼 뚝뚝 떨어지는 경지에 이를 때까지 철저히 책을 소화해냈다.

사람이 독학의 미디어로서 효율적인 이유는 사람이 가진 고도의 필터링 능력과 문맥 이해력 때문이다. 책을 한 권 통째로 읽는 것보다는 그 책을 깊이 이해한 사람에게 지금 자신에게 중요한 부분만 가르침을 받는 쪽이 훨씬 효율적이다. 이는 다양한 사람을 만나 이야기를 듣는 것이 학습에서 매우 중요하다는 것을 의미한다.

이것을 구현한 것이 요시다 쇼인이었다. 쇼인은 10대 중반까지는 이른바 책상물림으로 학문을 축적했지만, 그 이후는 책상에서의 공부를 거의 포기했다. 대신 그는 '위대한 학자'를 만나

이야기를 들었다. 전국을 돌아다니며 유명한 국학자들과 군사학자들을 만나 꿀벌이 여러 꽃을 돌며 꿀을 모으듯 석학들에게서 지식을 흡수했다. 이에 대해 시바 료타로는《세상에 사는 나날》에서 다음과 같이 묘사한다.

"쇼인은 어슬렁거리면서 돌아다니고 있었다. 스무 살의 교토 여행 이후, 마치 걷는 게 일이 된 것 같다. 걷기 위해 **탈번**(에도 시대 일본의 무사는 각 번에 적을 올리고 있었는데, 이를 버리고 떠돌이 낭인이 되는 것 - 옮긴이)**이라는 큰 죄를 짓고도 이렇게 뉘우침도 없이 야마토로를 걷고 있다. 그것이 쇼인에게는 대학이었다.**"

즉, 식견이 있는 사람을 만나 그 사람으로부터 가르침과 지식, 견문을 얻는 것은 가장 효율적인 학습 방법이라는 것이다. 이처럼 식견이 있는 사람을 직접 대면하고 가르침을 구하는 것을 두려워하지 말아야 한다.

질문 없는 곳에
배움은 없다

지식의 풍부한 축적을 위해서는 계속 끊임없이 일정량을 인풋하면서 들어온 인풋을 잘 정리해 정착시킬 필요가 있다. 그렇다면 어떻게 해야 인풋의 양을 계속 유지할 수 있을까? 그리고 어떻게 해야 잘 정착시킬 수 있을까? 이 두 가지 문제를 해소하기 위한 열쇠는 바로 '질문'이다.

사람의 호기심에는 일종의 임계밀도가 있다. 호기심은 모르는 것을 알고 싶어 하는 마음으로 질문을 잔뜩 가지고 있다는 것을 의미하지만, 질문은 모르는 데서 생기는 것이 아니라 알고 나서야 생기는 것이다. 그래서 배워서 알고 있는 영역의 경계선이 조금씩 넓어짐에 따라 미지의 전선도 넓어지게 되어, 결과적으로 질문의 수 또한 점점 늘어나게 된다.

"왜 이렇게 된 것일까?"라는 질문을 출발점으로 하여 그 질문에 대한 답을 얻기 위해 인풋을 하면, 그 과정을 즐길 수 있을 뿐만 아니라 효율과 정착률도 덩달아 높아지고, 결과적으로 축적도 충실해진다.

사람들이 만능 천재라고 하는 레오나르도 다 빈치는 막대한 양의 메모를 남긴 것으로 알려져 있다. 거기에는 많은 스케치와 고찰이 담겨 있지만, 그 안에는 이런 문장도 있다.

"식욕이 없는데 먹으면 건강을 해치는 것과 마찬가지로 욕구를 동반하지 않은 공부는 오히려 기억을 훼손한다."

그토록 다방면에 걸쳐 지적인 업적을 남긴 '지知의 괴물'이 공부의 최대 포인트로 지적 욕구, 즉 '알고 싶고 이해하고 싶다고 생각하는 마음'을 든 것이다.

그렇다면 어떻게 해야 질문을 가질 수 있을까? 우선은 일상생활 중에서 느끼는 소박한 의문을 메모하는 습관을 들이면 좋다. 내 경우는 항상 작은 수첩을 가지고 다니면서 무엇이든 '응?' 하고 의문이 생긴 것들을 적어두고 있다. 이 '응?'은 언제 찾아올지 알 수 없다. 따라서 회사에 갈 때도, 여행을 갈 때도, 술자리에 갈 때도 반드시 이 수첩을 가지고 가려 한다. 혹시 잊어버리면 매우 불안해진다.

수첩을 갖고 다니는 것이 귀찮다면 스마트폰의 메모 기능을 사용해도 괜찮다. 나도 운전을 할 때는 양쪽 손이 다 자유롭지 못하기 때문에 스마트폰의 음성 메모 기능을 사용하곤 한다.

한편 수첩이 아니라 메모카드를 사용하는 사람도 있다. 예를 들면 잡지《생활의 수첩》의 편집장이었던 문필가 마쓰우라 야타로는 메모카드를 가지고 다니면서 문득 신기하게 느껴지는 것이 있으면 그 의문을 메모카드에 적어두었다고 한다. 이후 그 메모카드를 입구가 넓은 병에 넣어두고, 때가 되면 모아서 다시 살펴보고서 기사를 기획하거나 조사하는 것이다.

수첩이든 메모카드든 사용하는 도구는 각각 취향대로 하면 된다. 중요한 것은 '응?'이라고 생각했던 의문과 위화감을 확실하게 글로 적어두어 그 순간의 느낌을 잘 살려낼 수 있으면 그것으로 충분하다.

하지만 사실 이것은 꽤 어려운 일이다. 마음에 떠오른 질문을 기록하라고 해도 '질문 같은 게 떠오르지 않는걸'이라고 생각하는 사람이 많다. 왜냐하면 대부분의 질문은 백일몽처럼 순간적으로 마음에 떠올랐다가 바로 사라져버리기 때문이다.

하지만 그것은 '떠오른 질문'을 제대로 붙잡지 못했기 때문에 생기는 문제다. 처음에는 어렵다고 느껴질지 모르지만 반복하다 보면 '질문이 떠오르는 순간'을 스스로 의식하게 된다. 이 '마음에 떠오른 질문'을 제대로 잡아내는 능력은 지적 전투력의 근간을 이루는 능력이 된다. 반복해서 이런 훈련을 해야 하는 이유다.

자신다운 질문을 가져라

메모하는 습관이 없는 사람에게 "메모 좀 해"라고 하면, 뭔가 직장이나 실생활에서 의미 있는 내용을 정리해서 적어야만 한다고 생각할지도 모른다. 하지만 메모의 내용은 특별히 비즈니스에 관련된 것일 필요가 없다.

예를 들면, 지금 내가 가진 수첩을 펼쳐보면 "영국은 왜 양질의 판타지를 잇달아 내놓을 수 있는 것일까?"라고 써놓은 부분이 있다. 이것은 런던 올림픽의 개회식에서 메리 홉킨스가 어린이들을 도와주러 오는 장면을 보고 문득 '그러고 보니《피터팬》도 《이상한 나라의 앨리스》도《반지의 제왕》도 영국이고, 최근에는 《해리 포터》도 있네. 어른도 감상할 수 있는 양질의 판타지는 영국에서 만든 것들이 잔뜩이네. 왜 영국은 계속 양질의 판타지를 내놓을 수 있는 거지?'라고 생각해서 써둔 것이다.

비즈니스와는 전혀 상관이 없다. 그래도 괜찮다. 축적된 질문은 그게 무엇이든 분명히 가치가 있다. 왜냐하면 모든 질문은 어딘가에서 비즈니스나 인생의 배움이나 깨달음과 연결되어 있기 때문이다. 비즈니스는 인간이나 세계의 모든 측면과 연관되어 있다. 그래서 어떤 질문이라도 인간과 세상을 보다 깊이 이해하는 기회가 된다면, 그것은 어딘가에서 비즈니스에 대한 시사와 연결된다.

그 질문이 날카로울수록 좀처럼 대답을 발견하기 힘들다. 하지만 오랜 기간에 걸쳐 그런 질문을 계속 마주한다면, 결국 그 질문에 대한 답이나 힌트를 깨닫는 순간과 만날 것이다.

참고로 '영국은 왜 양질의 판타지를 잇달아 내놓을 수 있는 것일까?'라는 질문에 대한 대답으로서 내가 생각한 가설은 '너무나도 현실적인 사회에 대한 반작용은 아닐까?'였다. 이것은 어디까지나 가설이지만 이 가설은 언젠가 조직 개발의 컨설팅에 대한 나의 기본 인식 중 하나인, "뭔가 극단적인 경향을 가진 조직체는 그 배후에 정반대인 극단적인 경향도 감춰져 있는 경우가 많다"라는 깨달음과 연결되어, 많은 프로젝트에서 유효한 시사와 통찰의 원천이 되었다.

여기에서 내 사고의 프로세스를 정리해보면 다음과 같다.

인풋	런던 올림픽 개회식에서 메리 홉킨스가 나오는 장면
추상화 ①	영국은 양질의 판타지를 잇달아 내놓는 나라다.
추상화 ②	판타지에 의해 리얼리티와 균형 관계가 성립된다.
추상화 ③	뭔가 극단적인 것이 있는 경우, 그 배후에는 정반대의 극단적인 것이 있다.
구조화 ①	예를 들면 중국에서 공자의 사상과 그 정반대인 한비자 사상의 양립

이렇게 원래는 비즈니스와 전혀 관계가 없는 깨달음이나 질문이, 언젠가는 조직과 인간을 이해하는 기회가 되는 가설에 연결

되는 것은 자주 있는 일이다. 질문을 품고 인간과 세상에 대한 깊은 이해나 관심을 가질 때, 그것은 틀림없이 비즈니스에 관련된 관점에도 새로운 자극을 부여해줄 것이다.

"왜 메모가 중요하냐면 메모가 버릇이 되면 '느끼는 것'도 버릇이 되기 때문이다. 남보다 우월한 존재가 되기 위한 조건은 남보다 더 많이 느끼는 것이다."

노무라 가즈야, 《노무다스 승자의 자격》

제3장

추상화 및 구조화

지식을 사용할 수 있는
무기로 바꾸는 법

"과학은 사실의 집합이다.
집이 돌로 지어지듯 과학은 사실로 이뤄진다.
그러나 돌을 쌓아 올렸다고 해서 집이 되는 것은 아니며,
사실을 모았다고 해서 반드시 과학이 되는 것은 아니다."

앙리 푸앵카레

지식을 자유자재로 다루기 위한
추상화와 구조화

독학으로 인풋한 지식을 일에서의 성과로 연결하기 위해서 꼭 해야 할 일은 추상화와 구조화이다. 특히 교양서에서 얻을 수 있는 지식은 경제경영서로 얻을 수 있는 지식과는 달리 그대로 비즈니스 세계에 활용할 수는 없다.

예를 들어 르네상스 시대에 탄생한 걸작 중 다수는 행정 조직이 아니라 개인이 후원한 사례가 많다든가(미술사적 지식), 개미 집에는 일정한 비율로 놀고 있는 개미가 없으면 긴급 사태에 대응할 수 없어서 전멸할 리스크가 높아진다든가(생물 및 생태학적인 지식), 폴리네시아와 멜라네시아에서는 부족 사이의 증여가 의무로 되어 있어서 부족 사이의 교환이 활발하게 이루어진다(문화 인류학적 지식)는 지식은 그것만으로는 비즈니스 세계에 직접적인 통찰과 시사로는 이어지지 않는다.

이런 지식을 비즈니스 세계에서 '살아 있는 지혜'로 전환하려면 추상화가 필요하다. 추상화라는 것은 사소한 요소를 제거하고 핵심을 뽑아내는 것, '요약하자면 ○○다'라고 정리하는 것이다. 세상만사가 움직이는 구조, 즉 기본적인 메커니즘을 뽑아내는 것이다. 경제학에서는 이것을 '모델화한다'라고 말한다.

내가 알고 있는 한 이 부분에 대해서 가장 단적으로 정리한 것이 사회과학의 명저인 고무로 나오키의 《이론의 방법》이다.

> "모델이라는 것은 본질적인 것만을 강조해서 뽑아내고, 나머지는 내다버리는 작업이다. 이를 '추상'과 '사상(捨象: 유의할 필요가 있는 현상의 특징 이외의 다른 성질을 버리는 일-옮긴이)'이라고 한다."

사소한 요소는 버리고 본질적인 메커니즘만 추출하는 것, 이것이 추상화다. 그렇다면 앞에서 말한 예를 이용해 추상화해보자.

사실

르네상스 시대에 탄생한 걸작들 중 다수는 행정 조직이 아니라 개인이 후원한 사례가 많다.

추상화

역사에 남아 있는 위대한 작품을 만드는 데는, 합의보다도 심미안을 가진 사람 개인에 의한 의사결정이 필요?

사실

개미집에는 일정한 비율로 놀고 있는 개미가 없으면, 긴급 사태에 대응할 수 없어서 전멸할 리스크가 높아진다.

추상화

평상시의 업무량에 맞춰 처리 능력을 최적화해버리면 큰 환경 변화가 일어났을 때 대응할 수 없어서 조직은 멸망해버린다?

사실

폴리네시아와 멜라네시아에서는 부족 사이의 증여가 의무로 되어 있어서 부족 사이의 교환이 활발하게 이루어진다.

추상화

근대 화폐경제의 기반이 되는 등가 교환 외에 교환을 장려하는 좀 더 자연적인 방법, 그러니까 증여가 있었던 것은 아닐까?

여기에서 모든 추상화된 시사와 통찰의 마지막에는 물음표(?) 가 붙어 있다. 그것은 가설일 뿐 진실이 아니기 때문이다.

물론 가설 사이에는 신뢰성 수준에 큰 불균형이 있어서 거의 옳은 학설이라고 해도 상관없다고 생각되는 가설도 있을 것이다. 하지만 가설은 가설일 뿐이라는 것을 확실하게 인식해둘 필요가 있다.

추상화가 중요한 이유는 개별성을 낮추기 때문이다. 추상화는 여러 가지 상황에서 적용해 생각할 수 있게 한다. 르네상스 시절에 관찰된 사실은 16세기의 피렌체라는 고유한 시대와 장소를 전제로 한 지식이다. 그 당시, 그 장소에서는 그랬다는 것이다. 이것을 추상화하는 것은 어느 장소, 어느 시대에도 성립되는 명제, 즉 수학에서 말하는 '공리'로 바꾸는 작업이다.

추상화의 사고 프로세스

추상화를 다른 방식으로 말해보면, 개별적으로 공부한 사상에서 인간이나 조직, 사회의 본성에 대한 통찰을 추출한다는 것이다. 이 사고 프로세스를 가장 명료한 형태로 도식화한 것이 알베르트 아인슈타인이다. [그림5]는 아인슈타인이 친구인 마우리체 솔로비네 앞으로 보낸 편지에 자신의 사고 프로세스를 도식화한 것이다. 실로 아름답기 그지없는 그림이다.

우리는 일상에서 다양한 경험을 한다. 이 경험 뭉치가 'E'라는 직선이다. 아인슈타인에 따르면, 우리는 이 경험 뭉치에서 직감적인 가설을 구축한다. 이것이 그림 속에 표현된 '공리계=A'이다. 이 공리계를 연역하는 것으로 다양한 명제가 도출된다. 이 명제들은 우리의 과거에 있는 경험 뭉치와 대조해보는 것으로 그 신뢰성이 검증되고, 그 결과가 경험적 사실에 부합하면 이 공

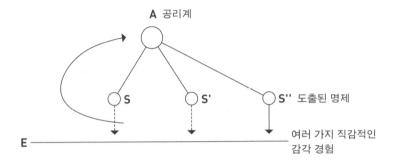

그림 5 아인슈타인의 사고 프로세스

출처: NHK 아인슈타인 프로젝트, 《NHK 아인슈타인 로망 2 생각한다 + 난다! 상대성 이론 창
조의 프로세스》

리계는 설득력을 가진 것으로 살아남게 된다.

그렇다면 이 사고 프로세스를 독학 시스템에 적용시키면 어떨
까? 아인슈타인의 직선 E는 우리가 독학을 통해 간접적으로 얻
은 경험 뭉치라고 생각할 수 있다. 그리고 이 경험 뭉치에서 가
설적으로 여러 공리계가 설정된다.

이 지적 추론의 프로세스는 아인슈타인 자신이 그렇게 말한
적은 없지만, 이른바 귀추법이라고 부를 수 있는 접근 방법이다.
19세기에 활약했던 미국의 철학자 찰스 샌더스 퍼스는 이 가설
형성법을 연역과 귀납에 이은 세 번째 추론 방법으로서 '귀추
abduction'라고 이름을 붙였다.

그럼 이야기를 처음으로 돌려보자. 독학의 시스템에서 추상화와 구조화 중 공리계로 끌고 가는 부분이 '추상화'에, 공리계에서 각각의 명제를 연역하는 부분이 '구조화'에 해당한다.

우리는 독학의 인풋에 의해 다양한 지식을 획득했다. 이 지식은 [그림5]에 그려진 아인슈타인의 프로세스에서는 '감각 경험'에 해당한다. 지식과 감각 경험을 같은 선상에 두는 것은 철학을 배운 적이 없는 사람에게는 조금 이미지화하기 어려운 것일지도 모른다.

이해하기 쉽게 설명하자면, 책을 통해서 얻은 지식도 책을 읽는다는 감각 경험을 통해 얻은 지식이라고 생각하면 된다. 우리의 지식은 모두 자신의 지각을 통해 획득된 것이다. 그래서 획득한 지식을 그냥 그대로 놓아두면 '경험 뭉치'에 지나지 않게 된다.

각자 다른 경험에는 각자 다른 문맥이 있다. 예를 들면 개미집에서 관찰된 현상에 관한 지식은 개미집에서 그런 현상이 성립된다는 것을 의미할 뿐이다. 이런 지식을 자신의 무기로 삼기 위해서는 다른 장면이나 상황에서도 성립되도록 보편성을 가진 명제, 즉 아인슈타인의 그림에서 보여주고 있는 '공리계'에 이를 때까지 추상화할 필요가 있다.

개미집의 경우를 예로 들자면 "일하는 개미들만 가득한 개미집보다도 일하지 않는 개미가 섞여 있는 개미집 쪽이 생존 확률이 높다"라는 것이 개미집에서만 관찰되는 고유 현상일 때, 이것을 추상화하면 "어느 생산 시스템 = A를 가정했을 때, 이 시스템의 생존 확률의 최대치는 가동률 100퍼센트보다 낮은 쪽에 있다"라는 가설 B를 얻을 수 있다.

그러면 이 가설이 화이트칼라 조직에서는 성립될까? 개인의 일이나 다른 생물의 집단에서는? 이런 문제들을 검토한 후 그것들이 성립된다면 이 가설 B는 어느 정도 신뢰성을 가지게 된다. 그리고 조직 설계를 하거나 프로젝트 팀을 구성할 때, 개인적으로 공부 스케줄을 짤 때 등 여러 경우에 가동률에 약간의 여유를 두도록 하는 식으로 가설을 활용할 수 있다.

이것이 바로 독학으로 얻은 지식을 추상화 및 구조화해 의사 결정에 반영하는 과정이다.

앞에서 나는 메모의 중요성을 설명하면서 런던 올림픽의 개회식을 보다가 '왜 영국에서 양질의 판타지 작품이 많이 나오는 것일까?'라는 의문을 가지게 됐고, 이 의문에서 '현실적인 것과의 균형' 문제와 관련된 가설 정리가 생겨났다는 이야기를 한 적이 있다. 이 사고 프로세스도 동일한 틀로 설명할 수 있다.

즉, 영국이 양질의 판타지 작품을 계속해서 만들어낼 수 있는 한편에는 극도로 팍팍한 현실적인 측면이 있다는 것을 경험적으로 이해하는 것은 '경험 뭉치 = E'에 해당한다. 그리고 한 나라의 문화가 극도로 판타스틱한 반면에 대단히 리얼리스틱하기도 하다는 모순된 정보에서 생겨난, "무엇인가 극단적인 것이 있을 때, 그 배후에는 정반대로 극단적인 면이 있다"라는 가설은 귀추법에 의해 추정되는 공리계가 된다.

그리고 이 가설은 심리학에서 말하는 "증오와 애정은 한 몸의 겉과 속이다"라는 '전이' 개념과도 연결된다. 또한 중국 역사에서도 유학과 마키아벨리즘의 양립이라는 흐름이 존재한 것과도 연결되며 공리로서 일정한 신뢰성을 획득할 수 있다.

이 가설을 다른 분야와 연결 지음으로써 공리로서의 보편성을 확인할 수 있는 것은 '구조화'에 해당한다. 이 책에서 계속해서 강조하고 있는 목적인 '지적 전투력의 향상'은 같은 양의 정보를 얻은 다른 사람과 비교해 더 나은 의사결정을 할 수 있다는 것을 의미한다. 훌륭한 의사결정은 훌륭한 행동으로 연결되고, 훌륭한 행동은 훌륭한 결과를 가져온다.

따라서 독학으로 얻은 지식을 이 같은 '지적 전투력의 향상'에 연결 지을 수 있는지 여부는 그 지식에서 어떤 국면에서의 의사결정에 관해 의미 있는 시사와 통찰을 끌어낼 수 있는지 여부에 달려 있다.

물론 우리가 마주치는 모든 문제에는 고유한 문맥이 있다. 동시에 우리가 독학으로 얻은 지식 역시 나름의 고유한 문맥에서 성립한다. 그러나 고유한 문맥 속에서 전제된 지식을 그 문맥에만 적용하면 의미가 없다. 그렇기 때문에 배운 지식을 추상화하여, 그 지식을 문맥에서 떼어내더라도 반드시 성립하는 '공리계'로 이끌어낼 필요가 있다.

"추상 능력은 인간의 능력 중에서도 단연 고도의 능력이며 매우 많은 혁신을 낳는 핵심적인 능력이다. 또 컴퓨터로 대체하는 것은 불가능하리라고 생각되는 능력이기도 하다. 왜냐면 추상이라는 활동에는 틀(프레임)이 부여되지 않기 때문이다."

아라이 노리코, 《컴퓨터가 일을 뺏는다》

한 분야만 아는 바보
vs.
르네상스인

지식의 추상화는 또 '한 분야만 아는 전문 바보'에 빠지는 어리석음을 피하고, 영역을 넘나드는 '르네상스인'이 될 수 있는지 여부에도 달려 있다.

여러분 주위에도 어떤 영역에 대해서는 놀라울 정도로 깊은 '지식'을 가졌는데, 그 지식이 다른 분야의 '지혜'로 연결되지 않을 것 같은 사람이 있을 것이다. 이런 사람은 기억하고 있는 지식을 추상화하지 않고 통째로 외운 사람이다. 추상화하지 않았기 때문에 다른 상황에서 응용할 수 없다. 기억해둔 지식대로 상황이 맞추어지지 않으면 그 지식을 활용할 수 없는 것이다.

진정한 지성은 그런 것이 아니다. 진정한 지성은 좀 더 유연한 것이어야만 한다.

전문가는 과거에 축적을 잔뜩 해둔 사람을 말한다. 그런데 우리는 변화가 극심한 시대를 살아가고 있다. 즉, 항상 '미증유의 사태'를 마주치게 된다. 그런 시대에 과거의 축적에 정통한 사람에게 의존할 수 있을까?

요즘 일본에는 점점 '한 분야만 잘 아는 전문 바보'가 늘어나고 있는 것 같다. 바로 이것이 일본 사회 전체의 혁신이 정체되는 데 크게 영향을 미치는 것이 아닐까?

애플이 아이폰으로 휴대전화 산업에 뛰어든 것은 2007년, 지금부터 겨우 10년 정도 전의 일이다. 이때 휴대전화 분야에서 오랫동안 사업을 해온 이른바 '전문가'들이 휴대전화 쪽에는 '초보자'였던 애플에게 시장 점유율의 절반을 순식간에 뺏겨버리게 된 사실을 잊어서는 안 된다.

추상화는 경험으로 쌓을 수밖에 없다

배운 지식을 그대로 축적만 해서는 그 지식을 활용할 기회가 그다지 없을 것이다. 개미집의 가동률과 생존 확률의 관계에 관한 지식은 우리가 개미의 생존 확률을 높여야만 하는 상황에 처하지 않고서는 도움이 될 일이 없을 것이다.

하지만 이 개미집에 관한 지식을 가동률과 생산성의 함수로 파악해 '생산성이 최대치가 되는 가동률의 값은 100보다도 낮은 수치'라고 정리하면 어떨까? 사회와 조직, 개인 등 모든 분야에 적용할 수 있는 값진 지식이 된다.

다른 방식으로 말해보자면, 지식은 추상화하고 나서야 비로소 유추로 이용 가능해진다는 것이다. 자연과학 세계에서는 한 분야에서 발견된 공리나 정리가 다른 영역에서 큰 발견으로 연결되는 경우가 많다.

물리학자 패러데이는 전자기학 연구에 유체역학으로부터의 유추를 이용해 맥스웰 방정식(전자기 현상의 모든 면을 통일적으로 기술하고 있는, 전자기학의 기초가 되는 방정식 - 옮긴이)을 끌어냈고, 양자역학의 초창기에는 행성의 운동에서 가져온 유추에 양자 조건을 더해서 원자 구조를 설명했다. 이들 유추는 바탕이 되는 아이디어의 추상도가 다른 분야에 적용할 수 있는 정도로 높았기 때문에 가능했던 것이다. 중요한 것은 역시 추상화다.

그렇다면 어떻게 하면 추상화를 잘할 수 있을까? 이는 어려운 문제다.

개별적으로 배운 구체적인 지식을 추상화하는 데 있어 기술적이거나 논리적인 절차가 있을 리 없다. 추상화라는 것은 '번쩍' 하고 스쳐 지나가는 것이기 때문이다.

이런 점에 대해서 아인슈타인은 다음과 같이 말했다.

"A는 공리계이고, 우리가 거기에서 결론을 끌어내는 것일세. 심리학적으로는 A는 E(감각신경)에 의존하고 있지. 하지만 우리를 E에서 A로 끌고 가는 이론적인 경로는 존재하지 않아. 거기에는 단지 직감적(심리적)인 관계가 있을 뿐이고, 그것도 항상 단지 '다음 알림이 있을 때까지'의 관계일세."

아인슈타인의 지적인 천재성은 당연히 이 '공리계＝A'를 대담하게 상상하는 힘에 있다. 그리고 이 과정에 대해 '직감적'으로 '다음 알림이 있다'는 표현으로 설명한 것이다. 요컨대 '떠올라야 떠오르는 것이다'라는 말이다.

그러나 '추상화'를 할 수 있는 힘을 키우기 위한 요령도 있다. 바로 반복해서 경험을 쌓는 것이다. 앞에서 독학으로 배운 지식을 축적하는 방법을 설명한 바 있다. 이런 축적을 할 때는 항상 '배운 지식'과 '추상화로 얻은 가설'을 함께 축적하는 것을 습관화해야 한다.

다음 질문을 머릿속에 새겨두면 도움이 될 것이다.

① 얻은 지식은 무엇인가?
② 그 지식의 무엇이 흥미로운가?
③ 그 지식을 다른 분야에 적용한다면, 어떤 시사와 통찰이 있는가?

이것을 몇 번이고 반복하다 보면 개별적인 정보를 접함과 동시에 그것을 추상화하는 습관이 몸에 배게 된다. 그러니 꾸준히 반복해서 경험을 쌓아보라.

"그리하여 재주가 모자란 것이나, 배움이 늦은 것이나, 말미가 없다는 이유로 마음이 꺾이어도 멈추지 말라. 어찌 되었든 간에 계속 힘쓰면 이룰 수 있다 생각함이 옳으니라."

모토오리 노리나가,《우히야마부미》

제4장

축적

창조성을 높이는
지적 생산 시스템

"책과 노트에 쓰인 것을 왜 기억해야만 하는가?"

알베르트 아인슈타인
(한 인터뷰에서 광속의 수치를 묻자 한 말)

수족관에서 정보라는 물고기를
산 채로 헤엄치게 한다

아무리 질 좋은 정보를 대량으로 인풋했다고 해도 그러한 정보를 지적 생산의 문맥에 맞추어 자유롭게 활용할 수 없으면 의미가 없다. 여기에서는 인풋된 정보를 효율적으로 축적하여 자유자재로 활용할 수 있는 방법을 설명해보겠다.

우선 가장 중요한 건 기억에 의지하지 말아야 한다는 것이다. "인풋한 정보를 축적한다"라는 말을 들으면, 많은 사람은 "인풋된 정보를 머릿속에 기억한다"라고 이미지화하기 쉽다. 하지만 이는 큰 착각이다. 우리 대부분은 지극히 평범한 기억력을 갖고 있다. 머릿속 기억에만 의지해서 지적 생산을 하면 아웃풋은 매우 빈약해질 수밖에 없다.

물론 역사를 되돌아보면, 예를 들어 토마스 아퀴나스나 미나카타 구마구스(일본의 박물학자, 균류학 전문의 생물학사, 민속학자-옮긴이) 같은

'지의 거인'은 도서관을 통째로 기억한 것이 아닐까 할 정도로 박람강기한 것으로 알려져 있다. 그들의 눈부시게 두드러진 지적 생산의 양과 질을, 막대한 '머릿속의 지적 축적'이 뒷받침하고 있던 것은 부정할 수 없다. 현대로 눈을 돌려도, 예를 들면 다치바나 다카시나 사토 마사루의 경우도 머릿속 기억이 지적 생산의 바탕을 받쳐주고 있다는 인상이 강하다.

그러나 평범한 우리가 이러한 '지의 거인'을 목표로 삼는 것은 현실적이지 않다. 우리는 눈앞의 일을 해내는 것만으로도 너무나 바쁘다. 머릿속 기억을 거대하게 만드는 것을 목표로 하면, 원래의 목적인 일상적인 지적 생산을 위한 시간이 부족할 수밖에 없다.

앞에서 나는 '교양은 있지만 일은 못하는' 사람을 목표로 삼아서는 안 된다고 지적했다. 하지만 머릿속의 방대한 기억 형성을 목표로 삼으려고 하면, 이런 함정에 빠질 가능성이 크다. 우리 같은 비즈니스맨에게 지적 축적의 형성은 지적 생산성을 높이기 위한 수단이라는 점을 명심해야 한다.

그렇다면 기억에 의지하지 않고 어떻게 지적 축적을 할 수 있을까? 정보를 물고기, 세계를 바다라고 가정해보자. 여러 미디어를 통해 정보를 인풋하고 그것을 머릿속에 기억하려는 것은, 말하자면 세상에서 낚아 올린 정보라고 하는 물고기를 뇌라는 작은 냉장고에 집어넣는 것과 같다.

확실히 손쉽게 사용할 수 있으니 편리할 것이다. 그러나 용량이 정해진 냉장고에 저장할 수 있는 재료는 종류도 양도 한정되어서, 필연적으로 그 재료로 조리할 수 있는 지적 생산물에는 확장성도, 놀라움도 생겨나지 않는다. 머릿속 축적에만 지적 생산의 재료를 의지해버리면, 문맥에 따라 유연하게 지적 생산을 하기 어렵다는 뜻이다.

그렇다면 낚은 물고기를 냉장고에 두지 않고 다시 바다에 돌려보내면 되는 것일까? 아니, 그것도 비효율적일 것이다. 모처럼 낚아 올린 정보라는 물고기를 놓아주는 것은 완전히 잊어버린다는 의미이다. 그렇게 되면 아무리 시간이 흘러도 지적 축적을 쌓지 못하게 된다. 당연한 말이지만, 지적 전투력도 향상시킬 수 없다.

즉, 인풋된 정보는 세계라고 하는 바다로 돌려보내도, 머릿속이라는 냉장고에 가둬두어도 좋지 않다. 그래서 내가 제안하는 방법은 바로 '수족관'을 만들어 거기에 정보라는 물고기를 풀어두는 것이다.

지금은 세상이라는 바닷속을 헤엄치고 있는 물고기, 즉 정보에 비교적 자유롭게 접근할 수 있다. 이런 세계에서 일부러 용량이 작은 자기 집의 냉장고, 즉 머릿속에 물고기를 가둬두는 것은 요리의 레퍼토리를 좁게 만들 뿐이다.

그렇다면 세계라고 하는 바다에서 필요에 따라 가장 적절한 물고기, 즉 정보를 잡아 올려서 그것을 바다 안에 만든 수족관 속에 산 채로 헤엄치게 놓아두고 상황에 따라 조달하는 편이 합리적이지 않을까? 필요한 정보는 수족관 속에 있으니까 상세한 부분까지 전부 기억할 필요는 없다. 관련된 키워드나 콘셉트를 수족관에 연결해두고, 필요에 따라서 그 수족관에서 검색할 수 있으면 그것으로 충분하다. 디지털과 아날로그라는 차이는 있지만, 이것은 지적 생산에 관한 명저《지적 생산의 기술》에 대해 우메사오 다다오가 제창한 방법과 완전히 똑같다.

지적 축적은
어떤 의미가 있는가

이 책의 목적인 '지적 전투력의 향상'이라는 측면에 비춰보면, 지적 축적은 어떤 의미가 있을까?

첫 번째로 지적 축적이 쌓여가면서 통찰의 속도와 정확도가 높아진다. 통찰력이란 "눈에 보이지 않는 현상의 배후에서 무슨 일이 일어나고 있는가?"와 "이 다음에 어떤 일이 일어날 것인가?"라는 두 개의 물음에 대해 답을 내는 힘을 말한다. 이때 과거의 유사 사례에서 어떤 일이 배후에서 일어나고 있었는지, 그리고 그 후에 어떤 일이 일어났는지를 알고 있다면 통찰력이 높아지는 것은 쉽게 상상할 수 있을 것이다.

나의 전문 영역인 조직론에서 비슷한 사례를 하나 살펴보자.

어느 클라이언트 기업에서 사업부의 한 팀장이 컴플라이언스

(compliance: 사업 추진 과정에서 기업이 자빌적으로 관련 법규를 준수하도록 하기 위한 일

런의 시스템-옮긴이) 위반으로 큰 사회 문제를 일으킨 적이 있다. 이때 재발 방지를 위한 구조를 만들어달라는 의뢰를 받고 다양한 조 직론 관련 논문이나 책들을 뒤져보았지만 모두 표면적인 내용뿐 이었다. 아무래도 클라이언트인 그 회사의 사장에게 받은 비용 에 알맞은 지적 부가가치를 만들어낼 수 있을 것 같지 않았다.

그래서 관점을 바꿔보기로 했다. 과거의 역사에서 인류가 "권 력자의 폭주를 어떻게 막을 것인가"라는 문제에 대해 어떻게 대 처해왔는지를 살펴본 것이다. 그러고는 표면적인 형식이나 법칙 이 아니라 더 근본적인 사상, 기업의 존재 방식의 방향성 등에 대해 클라이언트와 심도 있는 논의를 통해 방책을 이끌어냈다. 간단히 요약하자면 조직 안에 균형을 유지하기 위한 견제 세력 을 두도록 하는 방책이었다.

과거의 역사를 보면, 오랫동안 지속된 조직이나 시스템에는 반드시 견제 세력이 있었다. 예를 들어 중국에서는 일찍이 관료 제도가 발달했다. 관료 등용을 위한 시험이었던 과거제도는 6세 기 후반부터 20세기 초반까지 1300년 이상이나 계속 시행되었 다. 한편으로는 이 관료제도에 견제 세력이 되었던 환관이 있었 다. 환관의 역사는 관료제도보다 더 오래되어, 기원전 8세기 무 렵부터 20세기 초반까지 무려 3000년이나 된다. 이 관료와 환관 이라는 두 가지 시스템은 왕조의 탄생과 멸망을 몇 번이나 거치 면서도 계속해서 나란히 존재했고, 밀려왔다가 밀려가는 물결처 럼 권력의 균형을 미묘하게 유지했다.

비슷한 구도를 중세 유럽의 교황과 황제의 관계에서, 혹은 일본의 천황과 쇼군의 관계에서도 찾아볼 수 있다. 단기간에 멸망해버린 시스템에서는 이런 견제 관계가 작동하지 않은 경우가 많았다. 그 전형적인 예가 히틀러와 스탈린 체제의 몰락이다.

권력자의 폭주를 막으려면 견제 세력이 필요하다는 통찰을 논리 사고의 능력에만 의지해 만들어내는 것은 불가능하지는 않지만 대단히 어렵다. 이런 통찰은 과거의 역사에 대한 다양한 지적 축적으로 얻을 수 있다. 이처럼 눈앞의 현실적인 문제를 고찰할 때 도움이 되는 통찰을 부여한다는 것이 지적 축적의 가장 큰 효용 중 하나라고 할 것이다.

지적 축적으로 상식을 상대화한다

다음으로 말하고 싶은 것은 풍부한 축적을 통해 눈앞의 상식을 상대화할 수 있다는 점이다.

일반적으로 상식이란 절대적인 것이라고 생각한다. 누구에게 적용해도 의심할 여지가 없는 것이야말로 상식이 되기에, 사람마다 다 다르다고 한다면 그것은 애초에 상식이라고 할 수 없게 된다. 그러나 이 '절대적이고 움직이기 어려운 상식'을, 풍부한 지적 축적을 함으로써 상대화할 수 있다.

예를 들어 종신 고용과 연공서열의 문제를 생각해보자. 일본에서는 이 두 가지 인사 관행이 일종의 '민족적 습관'이라고 생각하는 사람이 많지만, 이것은 착각일 뿐 사실과는 크게 다르다.

우선 종신 고용이라는 말은 보스턴 컨설팅 그룹의 도쿄 사무소 초대 대표였던 제임스 아베글렌이 1958년에 출판한 《일본 경영의 힘》에서 처음으로 사용했던 '신조어'다. 아베글렌은 이 외에도 일본 기업의 특징으로서 '기업별 조합'과 '연공서열'을 들었다. 즉, 종신 고용은 일본의 전통적인 인사 관행도 아니고, 두 자릿수 경제 성장이 10년 이상이나 계속되었던 역사적으로 보아도 예외적으로 특수했던 시기에 한정적으로 적용되었던 인사 관행에 지나지 않는다.

실제로 메이지 시대(1868~1912)부터 다이쇼 시대(1912~1926)에 걸친 당시 노동 통계를 확인해보면, 근속 연수가 10년이 넘는 사무직 노동자는 전체의 몇 퍼센트에 지나지 않고, 대부분의 사람은 몇 년마다 직장을 바꾸곤 했음을 바로 알 수 있다. 즉, 연공서열이나 종신 고용은 일본의 전통적인 인사 관행이 아니라는 것이다.

이러한 착각이나 착오는 지적 축적의 빈약함에 기인한다. 반면 지적 축적을 풍부하게 만들어 지식의 시간과 공간 축을 넓히면 눈앞의 상식이 '지금, 여기'만의 일에 지나지 않는다는 '상대화'가 가능해진다. 상식을 상대화할 수 있으면 혁신이 가능해진다. 혁신이란 '지금까지 당연했던 것이 당연하지 않게 된다'는 의미를 내포한다. 지금까지 당연했던 것, 즉 상식을 의심하는 것에서 비로소 혁신이 가능해지는 것이다.

하버드 경영대학원의 클레이튼 크리스텐슨은 《이노베이터 DNA》에서 이노베이터의 공통적인 특징으로, 누구나 당연하다고 생각하는 것에 대해 '왜?'라고 의문을 던질 수 있다는 점을 들고 있다. 수많은 혁신을 주도한 애플의 창업자 스티브 잡스는 언제나 이 '왜?'라는 질문을 달고 살았던 것으로 알려져 있다. 혁신이라는 것은 지금까지의 상식을 상대화하고 의심하는 것으로부터 생겨난다.

물론 모든 '당연함'을 의심하면 일상생활은 성립되지 않을 것이다. 왜 아침이 되면 자연스럽게 눈을 뜨게 되는 걸까, 왜 인간은 낮에 일하다 밤에 쉬게 된 걸까…… 일일이 이런 생각을 하다 보면 철학자가 될 수는 있을지 몰라도 일상생활은 무너져내릴 테니까.

여기에 사람들이 자주 말하는 "상식을 의심한다"라는 진부한 메시지의 얄팍함이 있다. 혁신에 관한 담론에서 자주 볼 수 있는 "상식을 버려라"라든가 "상식을 의심해라"라는 안이한 지적에는 "왜 세상에는 상식이라는 것이 생기고 뿌리 깊이 박혀 움직이기 어려운 것이 되었을까?"라는 질문에 대한 통찰이 완전히 결여되어 있다.

상식을 의심하는 행위는 사실 큰 비용이 드는 것이다. 하지만 혁신을 구동시키려면 상식을 의심하는 것이 반드시 필요하다. 여기에서 역설이 생겨난다.

결론부터 말하자면 이 역설을 푸는 열쇠는 하나밖에 없다. 중요한 것은 '상식을 의심하는 태도'를 가지는 것이 아니라, '의심해야 할 상식'을 가려내는 선구안을 갖는 것이다. 그리고 그 선구안을 만들어주는 것이 바로 풍부한 지적 축적이다.

풍부하게 축적된 지식과 눈앞의 세계를 비교해보면 보편성이 더 낮은 상식, 즉 '지금, 여기만의 상식'이 어떤 것인지가 떠오른다. 스티브 잡스는 서예의 아름다움을 알게 된 후 '왜 컴퓨터 폰트는 이렇게 못난 것일까?'라는 의문을 가질 수 있었다. 체 게바라는 플라톤의 이상국가를 알고 있었기에 '왜 쿠바의 상황은 이렇게도 비참한 것일까?'라는 의문을 가질 수 있었다.

눈앞의 세계를 '원래 그런 것'이라고 받아들이며 포기하지 말고 상대화해봐야 한다. 그렇게 해서 떠오른 '보편성의 부재'라는 관점에서 보면 반드시 의심해야 할 상식이 있을 것이다. 이때 풍부한 지적 축적은 그것을 비춰주는 렌즈로써 작용할 것이다.

축적량에 따라 창조성이 높아진다

풍부한 지적 축적은 창조성과도 연관된다. 일반적으로 창조성이라고 하면 타고난 것으로 후천적으로는 높일 수 없는 것이라고 생각하기 쉽지만, 어느 정도는 후천적으로 높일 수 있다는 것이 뇌과학이나 학습심리학의 연구로 밝혀졌다.

창조성을 높이기 위해 유효한 수단의 하나로서 많은 사람이 지적하고 있는 것이 바로 유추의 활용이다. 유추란 다른 분야에서 아이디어를 차용하는 사고방식이다.

비즈니스 세계에서 유추를 활용해서 성공한 가장 유명한 사례는 바로 저가 항공사인 사우스웨스트 항공이다. 사우스웨스트 항공은 비행기의 정비시간을 단축할 아이디어를 얻기 위해 자동차 경주인 인디500(미국의 인디애나폴리스 경주장에서 매년 5월 30일에 실시하는 자동차 경주-옮긴이)의 정비작업을 상세하게 관찰했다. 그리고 '전용 공구의 활용'과 '사전 준비'가 열쇠라는 것을 배우고 45분이 걸리던 정비시간을 15분까지 획기적으로 단축하는 데 성공했다.

회전초밥도 비슷한 경우다. 회전초밥 아이디어의 기본 바탕을 제공한 것은 공장의 컨베이어 벨트다. 어느 날, 한 초밥집 주인이 거래처인 맥주 회사의 공장을 견학했다. 거기에서 컨베이어 벨트에 태운 맥주가 움직이는 것을 본 주인은 초밥집에 컨베이어 벨트를 만들고 거기에 초밥을 올려 돌아가도록 하는 아이디어를 떠올렸다.

이렇듯 유추는 얼핏 보면 직접적인 관계가 없어 보이는 분야의 지혜와 식견을 조합함으로써 새로운 아이디어를 얻을 수 있는 사고방식이다. 스티브 잡스는 이런 방식에 대해 다음과 같이 말했다.

"창조성이라는 것은 '무엇인가를 서로 연결하는 것'이다. 크리에이

티브한 사람에게 어떻게 해서 창조했는지를 묻는다면, 그들은 좀 쑥스러워할 것이다. 왜냐하면 실제로 무엇인가를 만들어낸 적이 없기 때문이다. 그들은 단지 자기 경험에서 얻은 지식을 서로 연결해서 그것을 새로운 것으로 통합시킨 것이다."

《와이어드(Wired)》, 1995. 2.

잡스는 창조라는 것이 '새로운 무엇인가를 만들어내는 것'이 아니라 '새로운 조합을 만드는 것'이라고 말했다. 그리고 높은 수준의 창조성을 발휘하는 인물 대다수가 비슷한 이야기를 하고 있다.

예를 들어 내가 덴쓰(1901년에 창업한 일본 제일의 광고 회사-옮긴이)에 입사한 첫날에 필독서라고 받았던 제임스 웹 영의《아이디어 생산법》에서도 같은 지적을 하고 있다. 영은 이 책에서 두 개의 원리를 제시한다.

첫 번째는 "아이디어는 기존 요소를 새롭게 조합하는 것 말고는 아무것도 아니다"라는 것, 두 번째는 "새로운 조합을 만들어내는 재능은 사물의 관련성을 찾아내는 재능에 의존한다"는 것이다. 결국 새로운 아이디어는 기존의 요소를 조합하는 것으로밖에 만들어낼 수 없다는 의미다.

여기에서 중요해지는 것이 '조합된 정보'의 수이다. 모델을 단순화해서 생각해보자.

잡스의 지적대로 모든 아이디어는 서로 다른 두 가지 요소의 조합으로만 생겨난다고 가정할 경우, 10개의 지식을 가지고 있는 사람과 100개의 지식을 가지고 있는 사람이 조합에 의해 얻을 수 있는 아이디어의 수는 각각 45개와 4950개가 된다.

즉, 지식의 양이 10배가 되면 그 지식의 조합에 의해 생성되는 아이디어의 수는 100배 이상이 된다. 만약 이 전제를 세 가지 지식을 조합해 아이디어를 만들어내는 것으로 바꾸면 얻을 수 있는 아이디어의 수는 각각 120개와 16만 1700개가 되어 그 차이가 1000배 이상이 된다.

물론 조합의 대부분은 써먹을 수 없는 아이디어일 것이다. 하지만 그걸로 충분하다. 왜냐하면 아이디어의 질은 아이디어의 양에 의존하는 것이기 때문이다. 양이 질로 바뀌는 것, 이것이 아이디어의 재미있는 점이다.

창조성에 관한 과거의 많은 연구가, 아이디어의 질에 가장 크게 영향을 끼치는 것은 아이디어의 양이라는 것을 명백하게 보여주고 있다. 확실히 과거의 위대한 예술가나 발명가는 질뿐만 아니라 양에 있어서도 남다르게 뛰어난 실적을 남기고 있다.

피카소는 2만 점의 작품을 남겼고, 아인슈타인은 240편의 논문을 썼으며, 바흐는 매주 칸타타를 작곡했고, 에디슨은 1000건 이상의 특허를 신청했다. 재미있는 것은 그들이 남긴 지적 생산이 모두 반드시 걸작은 아니라는 점이다.

예를 들어 오늘날 연주되는 모차르트나 바흐, 베토벤의 곡은 전체의 3분의 1에 불과하고, 아인슈타인의 논문 대부분은 아무도 참조 문헌으로서 인용하지 않는다.

캘리포니아 대학 데이비스 캠퍼스의 심리학자 딘 사이먼튼은 《천재의 기원》이라는 책에서 "이노베이터는 성공하고부터 많이 만들어냈던 것이 아니라, 많은 것을 만들어냈기 때문에 성공한 것이다"라고 말했다. 사이먼튼에 따르면, 과학자의 논문에는 양과 질의 상관관계가 존재한다. 예를 들어 어느 과학자의 가장 우수한 논문을 인용한 횟수는 그 과학자가 남긴 논문의 수에 비례한다는 것이다. 또 사이먼튼은 과학자가 생애 최고의 업적을 내는 시기는 가장 많은 논문을 쓰는 시기이며, 그때가 가장 '나쁜 논문'이 나오는 시기이기도 하다고 지적했다.

이 지적들을 요약하면, 아이디어의 질은 아이디어의 양에 의존한다는 것이다. 다양한 분야에서 나타나는 인간 능력의 개인차를 생각해보면, 그다지 큰 차이가 없다는 것을 깨닫게 된다. 예를 들면 2017년 현재 100미터 달리기의 세계 기록은 9.58초다. 반면 일본의 남자 고등학생 평균 기록은 14초 전후로 그 차는 아무리 해봤자 1.5배 정도밖에 되지 않는다. 이것은 다른 경기에서도 마찬가지다. 마라톤 세계 기록은 2시간 이상이지만, 아마추어들도 그 2배인 4시간 정도가 표준적인 기록이다. 높이뛰기도 세계기록 2.45미터의 절반 정도는 많은 사람들이 넘을 수 있을 것이다. 요컨대 신체 능력은 세계 톱클래스의 운동선수와 일반인과의 사이에 기껏해야 1.5~2배 정도의 차이밖에 나지 않는다.

반면에 아이디어를 만들어내는 힘은 축적의 양에 따라 간단하게 100배, 1000배라는 차이가 난다. 육체적인 능력은 아무리 단련해도 기껏해야 일반인의 2배 정도인 것에 비해, 창조성이라는 것은 단련하면 100배, 1000배라는 차이가 날 가능성이 있는 것이다.

밑줄 긋기,
수족관 만들기의 시작

정보 수족관의 축적을 효율적으로 구축하기 위해서는 무엇보다도 수족관에 가둬둘 물고기를 골라내는 것이 필요하다. 흥미 깊은 정보, 감명을 받은 일화 등 '와!'라고 생각될 만한 정보를 접하면 일단 그 정보를 채집해두자.

이렇게 수족관에 넣을 정보의 종류는 다양하다. 사람들에게 들은 이야기, 길거리에서 관찰한 것들, 책에서 얻은 통찰 등 질적으로나 양적으로 수많은 변주가 존재할 것이다. 여기에서는 책에 관한 이야기를 하고 있으므로 책에서 필요한 정보를 고르는 노하우를 소개하겠다.

우선, 책을 읽은 후 마음에 드는 부분이 있으면 반드시 밑줄을 친다. 책을 더럽히는 것이 싫다는 사람도 있겠지만, 밑줄을 치지 않으면 절대로 수족관을 만들 수 없다. 밑줄을 긋고, 이른바 책을

'지저분하게 읽는' 것은 수족관을 만드는 최초의 단계다.

참고로 전자책에는 종이책에 밑줄을 긋는 것과 같은 '하이라이트'라는 기능이 있다. 이것은 나중에 정리해서 편집도 가능한 매우 편리한 기능으로, 나중에 더 자세히 설명하겠다.

밑줄은 사실, 시사, 행동으로 이끈다

그렇다면 어떤 부분에 밑줄을 그으면 좋을까? 기본적으로는 '직감적으로 재미있다고 생각한 부분'이 그 대상이지만, 좀 더 알기 쉽게 정리하자면 다음 세 가지 부분이 바로 밑줄을 그어야 할 곳이다.

① 나중에 참조하게 될 것 같은 흥미로운 '사실'

② 흥미로운 사실에서 얻을 수 있는 '통찰'과 '시사'

③ 통찰과 시사에서 얻을 수 있는 '행동'의 지침

여기에서 핵심은 자신이 좋다고 생각한 정보, 공감하거나 납득할 수 있는 정보뿐만 아니라 공감할 수 없는 정보, 반감을 불러일으키는 정보에도 밑줄을 긋는 것이다. 왜일까? 공감할 수 없고 반감을 불러일으킨다는 것은 그 정보가 자신의 가치관과 사고방식을 비춰주는 반사경이 된다는 뜻이기 때문이다.

그림 6 밑줄을 긋는 세 부분

나심 니콜라스 탈레브가 쓴
《안티프레질》에 그은 밑줄의 예

① 나중에 참조하게 될 것 같은 흥미로운 '사실'

예) 약리학자가 만든 '호르미시스'라는 단어는 소량의 유해물질이 생물에게 약의 역할을 수행해 효능을 불러오는 현상을 가리킨다. 원래는 유해한 물질이라도 아주 적은 양이라면 생물에게 일종의 과잉반응을 불러일으키고 생체에 긍정적 영향을 미침으로써 건강 전체를 촉진한다는 것이다.

② 흥미로운 사실에서 얻을 수 있는 '통찰'과 '시사'

예) 시스템에서 중요한 스트레스를 제거하는 것은 좋기만 한 것은 아니다. 오히려 해가 되는 경우도 있다.

③ 통찰과 시사에서 얻을 수 있는 '행동'의 지침

예) 혁신을 일으키기 위해서는? 우선 스스로 트러블에 발을 들여놓는다. 물론 치명적이지 않은 정도의 트러블에.

앞에서도 "너무 마음에 맞는 인풋만 하지 않도록 한다"는 점을 지적한 바 있다. '마음에 맞는다'는 것은 자신의 가치관과 세계관에 맞는다는 것이지만, 긍정만 해서는 지적 전투력을 높일 수 없다. 근육과 마찬가지로 뇌도 지적 격투를 통해 전투력을 높일 수 있다. 그러므로 자신의 가치관이나 세계관과는 다른 정보, 즉 '불쾌한 정보'에도 자기 자신을 이해할 기회가 있다고 생각해야 한다.

책을 노트라고 생각해본다

독서가로 잘 알려진 마쓰오카 세이고는 "책은 텍스트가 들어간 노트다"라고 말한 바 있다.

노트를 사 오면 백지인 채로 그냥 놔두는 사람은 없다. 노트를 산다는 것은 거기에 무엇인가를 적어 넣는 것을 전제로 한다. 적어 넣는 데서 비로소 의미가 생겨난다. 마쓰오카는 책 또한 그런 것이라고 지적하고 있는 것이다.

나는 이 생각을 한층 더 진전시켜보고자 한다. 책이라고 하는 것은 사 온 시점에서는 미완성인 작품이며, 독자와 저자와의 대화를 통해서 이런저런 것을 써 넣으며 작품으로서 완성된다고 생각한다. 책에 포스트잇을 붙이거나 뭔가를 써 넣으면 물론 책이 더러워지지만, 오히려 '얼마나 아름답게 더럽힐 수 있을까'를 생각해보자. 책을 소재로 삼아 자신이 살아 있다는 증거를 어떤 예술 작품으로 남길 수 있을까를 생각해보는 것이다.

아홉 군데를 골라
옮겨 적기를 한다

밑줄을 그어가면서 한 권의 책을 다 읽었다면, 밑줄을 그은 부분 중에서 어떤 정보를 수족관에 풀어놓을까를 고를 차례이다. 여기에서 핵심은 우선순위를 정하는 것이다. 나의 경우에는 밑줄 친 부분이 아무리 많다고 해도 수족관에 풀어놓는 것은 기본적으로 다섯 군데 정도이고, 아무리 많아도 아홉 군데를 넘지 않도록 한다.

다섯이든 아홉이든 그 숫자에 별로 의미는 없다. 다섯 군데 정도는 10분 안에 전부 다 옮겨 적을 수 있다는 것이 중요하다. 너무 많으면 옮겨 적는 작업 자체가 싫어질 수 있기 때문이다.

세상에는 지적 생산과 관련해 수많은 책들이 나와 있지만, 저자들에 따라 크게 갈리는 부분이 바로 이곳이다. 밑줄을 그은 곳을 반드시 노트나 디지털 데이터로 옮겨야 한다는 주장을 하기도 하고, 밑줄을 그었다면 옮겨 적기와 같은 행위는 하지 말고 그대로 책장에 다시 꽂으라는 사람들도 있다.

옮겨 적기를 하지 말라는 사람들은 그 작업이 너무 귀찮아 비용 대비 효과가 없다는 이유를 댄다. 나도 그 말에 완전히 동의한다. 하지만 밑줄을 그은 채로 책장에 다시 꽂아버리면 결국 머릿속 기억에 의존해 물고기를 찾아낼 수밖에 없게 된다. 지적 축적이 뇌의 기억 용량에 한정되어버리는 것이다.

따라서 노력을 최소화하여 옮겨 적기를 해야 한다는 것이 내 결론이다. 그래서 옮겨 적을 만한 가치가 있는 것을 골라내는 평가가 중요하며, 상한선을 아홉 군데로 정한 것이다. 그러려면 밑줄 친 부분을 다시 한번 읽으면서 골라내는 작업이 필요하다. 이 단계에서 이미 밑줄을 긋기만 하고 책장으로 돌려보내버리는 것보다 머릿속에 정보가 정착할 확률이 높아진다.

고민되면 밑줄을 긋는다

책을 읽을 때 반드시 밑줄을 그으라고 하면 어디에 그어야 하나는 질문을 한다. 내 대답은 "고민하게 되면 우선 밑줄을 그어라"이다.

맨 처음 읽을 때 밑줄은 '이 책이 다시 읽을 가치가 있을까?', '기억, 기록할 만한 가치가 있을까?'라는 기준을 잡기 위해 긋는 것이다. 맘에 드는 부분, 재미있다는 생각이 드는 부분에는 고민하지 않고 밑줄을 그으면 된다. 밑줄 친 부분을 모두 옮겨 적는 것은 아니기 때문이다. 그리고 다시 읽을 때에는 밑줄 친 부분을 중심으로 읽으면서 '옮겨 적을 만한가'라는 관점에서 평가하고, 꼭 옮겨 적어야 할 것 같다면 그 부분만 옮겨 적으면 된다.

내 경우에는 밑줄을 그은 부분을 다시 한번 읽고, '역시 재미있군' 혹은 '역시 중요하군'이라고 생각되는 부분에 메모를 붙인다.

이때 메모를 붙이는 위치를 중요한 부분의 맨 윗줄로 정해두면 세 번째 읽을 때도 헤매지 않을 수 있어 효율적이다.

이때 밑줄 친 부분을 다시 읽어보면 왜 이런 곳에 밑줄을 그었는지 궁금해지는 부분이 꽤나 많다는 것을 느낄 것이다. 콘텐츠의 호소력은 문맥에 달려 있다. 예를 들어 술을 마셨을 때 사람들은 쉽게 감동하기 때문에 그럴 때 읽은 책은 밑줄투성이가 되기도 하다. 그래서 재독을 하면서 필터링하는 작업이 필요한 것이다.

그리고 메모를 붙인 부분을 다시 읽고, 즉 삼독 후에 걸러진 부분을 옮겨 적는다.

이 프로세스를 정리하면 다음과 같다.

초독 맘에 드는 부분에 우선 밑줄을 긋는다.

재독 밑줄을 중심으로 읽어서, 역시 재미있고 중요하다고 생각되는 부분에 메모를 붙인다.

삼독 메모를 붙인 부분을 읽고 나중에 참조할 것 같은 부분을 뽑아내서 옮겨 적는다.

꼭 나중에 검색할 수 있는 수족관에 넣는다

이제 초독, 재독, 삼독을 통해 골라낸 아홉 군데의 정보가 수족

그림 7 지적 생산 시스템의 구축법

1
초독

밑줄 긋기

읽으면서 '사실', '시사', '행동'의 세 부분에 밑줄을 긋는다. 자신의 깨달음도 적어 넣고, 고민이 된다면 계속해서 밑줄을 그어 더욱 더럽히면서 읽는다. 저자와 대화를 하는 지적 격투 단계.

▼

2
재독

뽑아내기

밑줄 친 부분을 다시 읽으면서 중요한 부분을 선별한다. 옮겨 적는 노력을 생각해 다섯 부분 이상, 아홉 부분 이내로 압축한다. 특히 중요하고 재미있다고 느낀 부분에는 메모를 붙인다.

3
삼독

옮겨 적기

메모를 붙인 부분을 에버노트 등에 옮겨 적는다. 전문을 옮겨 적지 않아도 나중에 검색할 수 있는 '실마리'만 있으면 문제없다. 한 권당 10분 이내로 행하는 것이 비용 대비 효과가 좋다.

※ 나중에 검색할 수 있다면
어떤 서비스라도 좋음.

 추상화로 얻은 가설, 시사, 행동을 세트로 적는다.

관으로 옮겨졌다. 내 경우에는 옮겨 적는 용도로 에버노트를 활용하는데, 그저 새 노트를 만들어 책 제목과 아홉 군데의 주요 부분을 옮겨 적는 것으로 끝이다. 이때도 내용을 간략히 줄여 작업으로 인한 부담이 너무 커지지 않도록 주의한다. 어디까지나 나중에 참조할 때 원전으로 돌아갈 수 있는 '실마리'만 있으면 되기 때문이다.

판단 기준은 한 부분에 1분이라는 시간이다. 한 부분을 적는 데 1분, 아홉 부분을 적는 데 모두 9분이 걸리는 셈이다. 옮겨 적는 시간에 사용되는 시간은 한 권당 10분 미만으로, 이는 이 작업에 시간 투자가 한없이 확대되는 것을 막기 위해서다.

다른 어떤 프로그램도 상관없다. 에버노트를 쓰기 전에는 메일을 내게 보내는 방식으로 뽑아낸 정보를 옮겨 적었다. 에버노트는 태그를 사용해 과거에 적어놓은 노트의 조합을 바꿀 수 있다는 장점이 있어서 선택한 도구다.

단 하나, 나중에 정밀도 높은 검색이 가능해야 한다는 원칙은 강조하고 싶다. 나중에 검색할 수 있어야만 머릿속에 축적하지 않아도 안심할 수 있기 때문이다. 나도 중요하다고 생각해 표시해둔 부분을 노트에 옮겨 적었던 시절이 있었는데, 1년도 지나지 않아 어떤 책을 어느 노트에 옮겨 적었는지, 그게 언제였는지조차 기억나지 않아 오랜 시간에 걸쳐 찾다가 결국 발견하지 못해 안타까웠던 경험이 몇 번이나 있었다.

옮겨 적기는 노트에 해야 한다는 주장도 적지 않지만, 비즈니스맨의 지적 생산이라는 문맥에서 생각해보면 이는 적절하지 않다. 애초에 옮겨 적기의 최대 목적은 '잊어버리기' 위해서다. 잊어버리는 것으로 뇌의 작업용량을 확보해 눈앞의 지적 생산에 집중하기 위함이다. 필요한 때가 되면 외부의 지적 축적에서 정보를 다운로드해 활용할 수 있어야 한다. 그러기 위해서는 정밀한 검색 기능이 절대적으로 필요하다.

옮겨 적는 미디어는 무엇이든 상관없지만, 어디에서든 정밀하게 검색할 수 있다는 조건은 꼭 충족시켜야 한다.

전자책을 활용한다

사실 이렇게 '밑줄을 쳐서 골라내고 옮겨 적는' 것은 매우 귀찮은 행위다. 그래서 나도 요즘에는 전자책을 활용하는 경우가 많다. 나는 연간 대략 300권 전후의 책을 읽는데, 그중 반 정도는 전자책으로 읽고 있다.

가장 큰 이유는 전자책에서 밑줄(하이라이트)을 그으면 그것만 나중에 확인할 수 있기 때문이다. 처음에 이 서비스를 경험하고는 정말 감동했다.

예를 들어 아마존에서 킨들을 구입하면 개인용 관리 페이지가 생성된다. 이 안에 'Your Highlights'라는 항목이 있고, 여기에서 자신이 밑줄 친 부분을 모두 확인할 수 있다. 물론 검색도 가능하다. 내 경우에는 해당 페이지에서 특히 중요하다고 생각되는 부분을 에버노트에 옮겨 관련될 수 있는 테마를 태그로 연결해 둔다.

> "카드에 대해서 자주 하는 오해는, 카드는 기억을 위한 도구라는 생각이다. 영어 단어 카드 같은 도구 때문에 그렇게 연상할 수 있지만, 사실은 정반대다. 머릿속에 기억할 것이라면 카드에 쓸 필요가 없다. 카드에 쓰는 것은 그것을 잊어버리기 위해서다. 잊어버려도 상관없도록 카드에 쓰는 것이다. (중략) 말하자면 '망각의 장치'다. 카드는 잊어버리기 위해서 쓰는 것이다."
>
> **우메사오 다다오, 《지적 생산의 기술》**

옮겨 적을 때는
비즈니스 및 실생활에 대한
시사점을 써둔다

교양과 관련된 독서에서 중요한 건 옮겨 적을 때는 반드시 비즈니스나 실생활에 대한 '시사점'을 기록해둔다. 앞에서 나는 교양과 관련된 독서에서는 재미있다거나 재미없다는 것이 책을 고르는 기준이라고 말했지만, 책을 읽은 후에도 '아, 재미있었다'가 끝이라면 의미가 없다.

물론 엔터테인먼트로서의 독서라면 그것으로 충분하겠지만, 귀중한 시간을 독서에 투자하는 이유는 거기에서 무언가 유익한 정보를 얻어 비즈니스나 실생활에 활용하기 위함이다. 책을 읽은 후 재미있었다고 생각한다면 왜 그렇게 느꼈는지를 좀 더 파고들어서 생각해볼 필요가 있다. 그러면 비즈니스와 실생활에 연결되는 힌트를 얻을 수 있는 경우가 많다.

우선은 재미있다고 생각한 부분을 옮겨 적는다. 그리고 그 부분에서 얻을 수 있는 시사점도 함께 써둔다. 정리하면 다음과 같다.

① 재미있었던 '사실'

　　↓

② 비즈니스와 실생활에 대한 '시사'

　　↓

③ 구체적인 '행동'의 가설

구체적인 예를 들어 설명해보겠다. 하세가와 에이스케의《일하지 않는 개미》를 읽어보면 "성실하게 일하는 개미만 있는 개미집보다 일정 비율로 '일하지 않는 개미'가 섞여 있는 군체가 생존 확률이 높다"라는 부분이 나온다.

일반적으로는 일하는 사람이 많은 조직이 생산성이 높다거나 변화에 대처할 수 있는 능력도 높다고 여겨지기 때문에 이런 부분을 읽으면 '재미있네'라는 생각이 들 것이다. 이것이 앞에서 설명한 '① 재미있던 사실'에 해당한다.

그리고 스스로 생각해본다. 이 흥미로운 사실이 비즈니스와 실생활에서 어떤 시사점이 있을까? 우선 생각나는 것은 "현재의 비즈니스에 조직 자원의 100퍼센트를 투입해버리면 새로운 비즈니스의 싹은 틔울 수 없다" 정도일 것 같다. 남에게 보여줄 필요는 없으니 생각나는 힌트를 계속해서 써 내려간다. "업무와 관련된 사람만 만나면 내 인생에 혁신을 일으킬 수 없는 건 아닐

그림 8 골라낸 부분과 '시사', '행동'을 세트로 옮겨 적는다

(예)《일하지 않는 개미》에 대해서
옮겨 적는 경우

① 재미있었던 '사실' → 밑줄을 긋고, 골라낸 부분을 옮겨 적는다.

예) 일하지 않는 개미가 있는 쪽이 외적
변화에 대해 살아남을 확률이 높다.

**② 비즈니스와 실생활에
대한 '시사'** → ①의 사실에서 추상화한 시사점도 써
넣는다.

예) 업무와 관련된 사람만 만나면 내 인
생에 혁신을 일으킬 수 없는 건 아
닐까?

③ 구체적인 '행동'의 가설 → ②의 질문에 대해 실제로 무엇을 해야
할지도 같이 써 넣는다.

예) 한 달에 한 번 정도는 업무와 관련 없
는 사람과 만나자. 만나고 싶은 사람
의 목록을 만들어 월초에 연락하자.

까?"라든가 "책장이 너무 꽉 차 있어서 새로운 책을 넣을 공간이 없네"라든가 하는 꽤 '멀어 보이는' 힌트를 떠올리기도 한다. 이런 생각들도 적어둔다.

개미 이야기와 책장 사이에 직접적인 관계는 없을 것이다. 하지만 논리적인 정합성보다 그런 깨달음, 갑자기 번뜩인 영감을 써두는 것이 중요하다. 이런 깨달음이 앞의 흐름도에서 '② 비즈니스와 실생활에 대한 시사'에 해당한다.

그리고 '그렇다면 앞으로 어떻게 해야 할까?'라는 의문에 대해 '③ 구체적인 행동의 가설'을 만든다. 이때 "현재의 비즈니스에 대해 100퍼센트 효율적인 조직을 만들어버리면 환경 변화에 대응할 수 없다"라는 '시사점'은 "어느 정도의 자원은 직접적인 이익을 기대할 수 없는 연구와 신규 비즈니스 개발에 할당하는 것이 좋다"는 비즈니스상의 가설로 연결된다.

혹은 "업무와 관련된 사람만 만나면 내 인생에 혁신을 일으킬 수 없는 건 아닐까?"라는 시사점은 "한 달에 한 번 정도는 업무와 관련 없는 사람과 만나서 식사를 하자. 만나고 싶은 사람들의 목록을 만들어 월초에 약속을 잡아보자"로 발전할 수 있고, "책장이 꽉 들어차 새 책을 살 수 없다"라는 시사점은 "1년간 손이 가지 않은 책은 과감하게 버리자"라는 '행동'으로 연결될 수 있다.

태그를 붙임으로써
뜻밖의 조합을 낳는다

여기에서 중요한 지적을 하나 하겠다. 이런 축적을 구축하는 목적은 단지 인풋한 내용을 보존하고, 그것을 적절하게 꺼내 쓸 수 있게 하기 위해서가 아니다. '지적 전투력을 향상시킨다'라는 목적에 비추어 이런 축적의 의미를 다시 한번 생각해보면, 지적 전투력 향상을 위한 축적이란 '새로운 아이디어의 조합을 만드는 것'이다.

지적 전투력을 발휘하는 데에는 두 가지 단계가 있다.

1단계　과거에 배운 지식을 상황에 따라 적절하게 이용할 수 있다.

2단계　과거에 배운 지식을 조합해 자신만의 개념을 구축할 수 있다.

이 중에서 지적 축적의 구축은 1단계에 공헌하는 작업이다. 그렇다면 2단계를 실현하기 위해서는 어떻게 해야 할까?

바로 '태그 붙이기'다. 전혀 다른 정보 소스에서 인풋된 정보가 '혁신'이라는 같은 태그를 붙임으로써 서로 나란히 서게 된다.

예를 들어 미술사학자인 이시나베 마스미의 《피렌체의 세기》와 클레이튼 크리스텐슨의 《혁신기업의 딜레마》에서 발췌한 것을 나란히 배열해보는 것으로 생겨나는 통찰이 있다. 처음부터 어떤 의도를 가지고 르네상스 시대 미술사와 경영학의 조직론에 관한 정보를 나란히 배열하는 것은 좀처럼 하기 힘든 일이다. 여기에서 열쇠가 되는 것이 '적당한 무작위성'이다.

물론 무작위로 조합한다고 해서 그 조합에서 유용한 시사나 통찰을 얻어내는 것은 역시 어려운 일이다. 생각지도 못한 조합이라고 해도 추상도를 높여보면 일정한 연결점이 있고, 거기에서 '적당한 무작위성'이 새로운 아이디어의 조합을 가능하게 하는 것이다.

요즘 일본 사회에서는 다양성이 화두가 되고 있다. 이는 말하자면 다양성이 '생각지도 못한 조합'을 만들기 때문이다. 정서나 사고방식이 다양해지면 자연스럽게 의견도 다양해진다. 이 점을 감안하지 않고 단순히 기계적으로 외국인 직원을 늘리는 조직이 많은데, 그것이 바로 조직의 다양성으로 이어질지는 모르겠다.

중요한 것은 외국인이라는 '속성의 다양성'이 '감성과 사고의 다양성'으로 연결되고, 최종적으로 '의견의 다양성'으로 연결되는 것이다. 따라서 조직의 다양성을 높이기 위해서는 남과 다른 사고방식을 장려하는 문화를 만드는 것이 먼저다. 다른 의견과 견해를 계속 내놓을 수 있도록 장려할 필요도 있다. 하지만 많은 기업에서는 단순히 '속성의 다양성'을 확보하는 데만 관심을 쏟을 뿐 정작 중요한 핵심은 건드리지 않고 있다.

요약하자면, 자신의 독학 시스템 안에서 다양한 깨달음의 기회를 얻는 것이 태그 붙이기의 가장 큰 목적이라고 할 수 있다.

책의 플레이 리스트 만들기

이렇게 독서와 독서 후 옮겨 적기를 반복하다 보면 노트가 잔뜩 만들어지게 될 것이다. 이 독서 노트의 활용 방법은 여러 가지이지만, 우선은 아무 때나 자투리 시간이 생기는 대로 훑어보는 것이 좋다.

여러 번 강조했지만, 인간의 작업용량은 대단히 작아서 인풋한 정보를 모두 기억하는 것은 불가능하다. 그래서 인풋한 정보를 정리, 보존해두고 필요한 상황에 적절한 정보를 꺼낼 수 있는 시스템이 필요하다. 과거에 작성한 독서 노트를 다시 읽는 것은 작업뇌의 신선도를 꽤 오래 유지할 수 있도록 해준다.

음악을 듣는 것처럼 독서 노트를 읽어보는 것도 좋다. 애플의 아이폰에는 플레이 리스트를 만드는 기능이 있다. 테마별로 정리한 음악 리스트를 가리키는 이 기능을 독서 노트에도 적용할 수 있다.

다시 읽게 되는 부분은 과거의 방대한 독서 가운데에서 엄선된 문장이기 때문에 읽을 때마다 여러 가지 깨달음이나 시사를 얻을 수 있다. 또 읽을 때마다 떠오르는 시사점을 추가해 적으면 독서 노트는 차츰 진화하게 된다.

변화가 빠른 시대를 살아가는 데에는 '언런'이 필요하다

마지막 단계는 인풋, 추상화 및 구조화를 거쳐 축적된 정보를 '언런unlearn'하는 것이다. 애써서 획득한 정보를 지우는 것은 아깝다고 생각될지 모르지만 '지적 전투력의 향상'을 위해서는 반드시 거쳐야 하는 단계다.

'언런'이란 '런learn'의 반대말이다. 억지로 번역한다면 '반反학습'이라고 해야 할까? 즉, 한 번 배운 것을 깨끗하게 지워버린다는 의미이다.

왜 애써 귀중한 시간을 투자해 배운 것을 깨끗하게 지워야 하는 걸까? 이유는 간단하다. 환경의 변화가 매우 빨라졌기 때문이다. 10년 전에는 유효했던 콘셉트나 프레임워크가 점점 시대에 뒤처지고, 빠른 속도로 새로운 콘셉트나 프레임워크로의 전환이 이루어지고 있다.

1997년 IBM의 슈퍼컴퓨터 '딥 블루'는 체스 세계 챔피언인 가리 카스파로프와의 대전에서 승리했다. 처음으로 컴퓨터가 인간 체스 세계 챔피언에게 이긴 사건으로 당시에는 대단한 화제가 되었다. 그다음 해, IBM은 딥 블루의 능력을 5배 정도 더 강력하게 보완해서 10억 원에 판매했다. 그 후 딥 블루는 2014년 1월 3일 시점에서 NASA의 화성 무인 탐사기 마르스 패스파인더 프로젝트와 미국 에너지부의 로렌스 리버모 연구소 등에서 활용되고 있다고 한다.

그런데 현재 우리가 일상적으로 사용하고 있는 PC가 딥 블루와 거의 비슷한 성능을 가지고 있다고 말하면 대부분이 놀란다. 하지만 사실이다. 17년 전 10억 원에 판매된 슈퍼컴퓨터와 거의 동등한 성능의 컴퓨터를 지금의 일반인들도 구입할 수 있게 된 것이다.

10억 원이면 도쿄 시내의 비싼 아파트나 최고급 스포츠카의 가격이지만, 이것들의 가격이 20년도 되지 않아 100만 원까지 떨어진다고는 도저히 생각할 수 없다. 하지만 정보처리 분야에서는 그런 일이 근 50년 정도 계속해서 일어나고 있다(인텔의 공동 창업자인 고든 무어가 집적회로의 밀도는 매년 2배가 된다는, 이른바 무어의 법칙을 발표한 것은 1965년의 일이다).

뒤집어서 말하자면, 오늘날 10억 원짜리 컴퓨터는 10~20년 후에는 100만 원 정도가 될 것이라고 말할 수 있다. 이미 여러 곳에서 "많은 사람이 컴퓨터와 일을 두고 싸우는 시대가 온다"라는 말을 한다. 현재 비용이 너무 많이 든다는 이유로 컴퓨터로 대체되지 않는 일 중 상당수도 아마 머지않은 장래에 컴퓨터로 대체될 것이다. 그리고 그 변화는 비즈니스 모델이나 사회의 존재 형태에도 큰 변화를 줄 것이다.

그런 커다란 변화가 계속해서 일어나는 세계에서 한 번 배운 콘셉트나 프레임워크에 계속 집착하는 것은 위험하기까지 하다. 이런 세상을 살아가는 우리는 항상 '옛날에 익힌 내용'을 폐기하고, 허심탄회하게 세상을 바라보며, 자신이 배워온 것을 소거하고, 거기에 새롭게 배운 것을 덮어씌워야 한다. 즉, 계속해서 '언런'을 추구해야 하는 것이다.

> "사람은 단순히 알고 있는 것에 의해 앞일을 꿰뚫어 보는 지혜를 갖춘 사람이 되는 것이 아니라, 그것을 실천할 수 있는 사람이 됨에 의해 그렇게 된다."
>
> 아리스토텔레스, 《니코마코스 윤리학》

제5장

왜 교양이
'지식의 무기'가 되는가?

지적 전투력을 높이기 위해 추천하는
11개 장르, 99권의 책

"생각해보면 나는 가치 있는 모든 것을 독학으로 배웠다."

찰스 다윈

교양을 배워야 하는 이유

여기까지 독학 시스템 전체의 상에 대해, 그리고 시스템을 구성하는 전략, 인풋, 추상화 및 구조화, 축적이라는 네 가지의 모듈을 구축하기 위한 구체적인 방법을 알아보았다. 이제 '지적 전투력 향상'이라는 목적에 비추어 유용한 장르를 살펴보겠다. 구체적으로는 다음 11개 장르에 대해 그것들을 독학하는 의미를 생각해보고, 입문자에게 알맞은 추천 도서를 소개한다.

① 역사
② 경제학
③ 철학
④ 경영학
⑤ 심리학

⑥ 음악

⑦ 뇌과학

⑧ 문학

⑨ 시

⑩ 종교

⑪ 자연과학

이들 장르 각각을 살펴보기 전에 먼저 '교양'을 배우는 것은 어떤 의미가 있는지 설명하겠다.

결론적으로 말하고 싶은 건, 현대를 야무지게 살아가려면 교양만큼 강력한 무기는 없다는 것이다. 특히 비즈니스맨에게 교양을 배우는 것은 아마 인생에서 비용 대비 효과가 가장 높은 투자가 될 것이다.

혁신을 일으키는 무기가 된다

우선 독자 여러분에게 한 가지 질문을 해보겠다. 빌려준 돈이나 예금 등에 붙는 이자를 일컫는 금리는 왜 플러스인 것일까?

아마 많은 독자들은 이 질문에 명확한 대답을 하지 못할 것이다. 나를 포함해 현대를 살아가는 우리 대부분은 '금리는 플러스다'라는 것을 믿어 의심하지 않는다. 하지만 사실 이것은 현대 사회에, 실질적으로는 서구 사회에 살고 있는 우리에게만 통용되는 상식이며, 역사를 되돌아보거나 지역을 바꿔보면 그것이 일시적이며 국소적인 현상에 불과한 것을 알 수 있다.

예를 들어 중세 유럽이나 고대 이집트에서는 마이너스 금리의 경제 시스템을 채용하고 있었다. 즉, 은행에 돈을 맡기면 점점 가치가 감소해버리는 것이다. 따라서 이런 사회에서는 현금을 계속 가지고 있는 것이 손해다. 마이너스 금리는 현금을 될 수

185

있는 대로 다른 것과 교환하는 것을 유인하게 된다.

그럼 어떤 것으로 바꾸는 것이 좋을까? 식량? 아니, 식량은 어렵다. 한 번에 먹을 수 있는 양에는 한계가 있기 때문에 저장을 필요로 한다. 그런데 당시는 냉장고도 없는 시대여서 보존할 수 있는 양은 자연스레 한계가 있다.

그렇다면 물건이 좋을까? 물건이라면 어떤 것이 좋을까? 이렇게 생각하다 보면 이윽고 누구나 같은 결론에 이르게 된다. 오랫동안 부를 낳는 시설이나 인프라에 돈을 써야 한다는 것이다.

이렇게 진행된 것이 피라미드 건축으로 대표되는 나일강의 관개 사업이었고, 중세 유럽의 대성당 건축이었다. 이 투자가 비옥한 나일강 일대의 경작으로 연결되어 이집트 문명의 발전을 뒷받침했고, 온 세상의 순례자를 모아 유럽 전체의 경제 활성화와 도로 인프라의 정비로 이어졌던 것이다.

교양을 '사회인으로서 당연히 알아야 것'이라고 하는 얄팍한 뉘앙스로 파악하고 있는 사람들이 많은데, 참으로 아쉽다. 교양의 영어 표현 '리버럴 아트liberal art'의 '리버럴'이란 자유롭다는 의미다. '아트'는 기술이다. 즉, '리버럴 아트'라는 것은 '자유로운 기술'을 뜻한다.

여기에서 말하는 '자유'란 무엇일까? '자유'라는 말이 처음으로 등장한 것은 신약성서(요한복음 8장 32절)로, 예수의 "진리가 너희를 자유롭게 하리라"라는 구절이다. '진리'란 '참된 이치(도리)'로서 그것을 앎에 따라 사람들은 그 시간, 그 장소에서만 지배적인 세상사를 바라보는 틀로부터 자유로워진다는 뜻을 내포하고 있다. 그 시간과 그 장소에서만 지배적인 세상사를 보는 틀은, 이를테면 '금리는 플러스다'라는 판단과 같은 것들이다. 따라서 눈앞의 세상에서 상식으로 통용되며 아무도 의문을 가지지 않고 믿고 있는 전제나 틀을 한 발 물러선 입장에서 상대화해보는 것, 즉 의심과 의문의 기술이 바로 교양의 진수다.

모든 지적 생산은 의심과 의문으로부터 시작된다. 질 좋은 의심과 의문이 없는 곳에서 질 좋은 인풋은 생겨나지 않는다. 즉, 교양은 지적 전투력의 기초 체력을 높이는 역할을 담당하는 것이다.

이 의심과 의문이라는 것은 비즈니스 세계에서도 강력한 무기가 된다. 예를 들어 혁신은 '상식을 의심하는' 데서 비로소 구동된다. 과거의 혁신 사례를 살펴보면, 그때까지 당연하다고 생각했던 전제와 틀을 어떤 형태로 파괴하면서 혁신이 성립되었는지를 깨달을 수 있다.

- PC 판매에서는 매장 점유율이 가장 중요하다는 전제가 지배하는 가운데, 그 전제를 고집해 망한 컴팩과 그 전제에서 벗어나 직접 판매라는 모델을 확립해 업계를 지배했던 델
- 물건을 가장 빨리 운반하는 것은 최단 경로라는 전제가 지배하는 가운데, 그 전제에 구애받아서 사라졌던 수많은 영세 운송사업자와 허브&스포크라는 물류 시스템을 확립해서 성장한 페덱스

· PC에는 입력기기와 기록 매체가 필요하다는 전제에 구애받아 가격경쟁의 진흙탕 싸움에서 괴로워하고 있는 많은 업체와 그 전제에서 벗어나 아이패드를 개발한 애플

혁신이라는 것은 항상 "그때까지는 당연하다고 생각했던 것이 어느 순간부터 당연하지 않게 된다"라는 측면을 포함한다. 즉, 혁신에는 '당연함'을 의심하는 기술이 필요한 것이다.

커리어를 지키는 무기가 된다

현대인의 상당수는 지금 이 순간 세계의 상황을 전제로 하여 그 안에서 '얼마나 공리적으로 움직이는가'라는 문제의식에 지나치게 사로잡혀 있는 것 같다. 특히 이른바 엘리트라는 사람들은 세상의 존재 상태에 대해 그 옳고 그름을 묻지 않고, '원래 그런 것'이라고 결론 지은 후 자신을 바꾸려는 접근 방법을 취하기 쉽다. 그런 끝에 순조롭게 고소득과 다른 사람들의 존경을 쟁취하는 사람도 적지 않는다. 그리고 '승리자들'이라 불리는 이런 사람을 보고 그들이 했던 길을 따라 계속해서 노력을 쌓는 또 다른 사람들이 대량으로 출현하게 된다.

그러나 주의해야 한다. 세상은 항상 변화한다. 예전 세계에서 기능했던 싸움의 방식이 어느 날 갑자기 전혀 통용되지 않게 되는 것이 이상하지 않은 시대다.

파생상품 트레이더에서 세상에서 가장 유명한 사상가가 된 나심 니콜라스 탈레브는《블랙 스완》에서 '백조란 흰색'이라고 우리가 인식을 확정한 뒤 나타나는 검은 백조가 시스템에 최적화된 사람들에게 극심한 충격을 안겨준다고 지적했다.

예컨대 리먼 사태가 대표적인 예다. 2000년대 많은 경영대학원 졸업생들은 투자은행의 문을 두드림으로써 사회 시스템에 최고로 적응된 사람으로 '장밋빛 인생'이라고도 할 수 있는 화려한 경력을 쌓고 있었다. 하지만 축하연은 갑작스럽게 끝이 났고, 상황은 변해버렸다. 변화하기 전에 '구세계의 상황'에 맞춰 최적화된 기술과 지식을 쌓아온 대개의 사람들은 세상에 배신당해 허허벌판에 내던져진 것이다.

투자은행 근무자들은 극도로 특수한 직업군으로 분류되기에 요구되는 기술이나 노하우의 보편성이 그리 높지 않다. 그들 중 상당수는 허허벌판에 내던져졌고, 세상은 그들에게 새로운 인생을 시작하기 위해 다른 기술이나 노하우를 익히도록 요구했다. 가혹한 일이었다.

리먼 사태로 일자리를 잃은 투자은행 직원의 사례는 한 가지 예에 지나지 않는다. 역사를 돌이켜보면, 영원히 계속될 것 같던 축제가 갑자기 끝을 고하는 경우는 자주 있었다. 세상은 변덕스럽게 사람을 배신하는 법이다.

그래서 우리는 심한 고통 속에서도 시류에 휘둘리지 않기 위해 이른바 '지적인 바탕'을 길러야 한다. 자신의 커리어나 행동할 기회를 세상에 맞추어 설계하는 것이 아니라, 변화하는 세계에 부분적으로 적응하면서도 그것을 끊임없이 상대화하면서 변혁의 기회를 기다릴 수 있는 '지적인 바탕'이 필요하다. 그리고 그것을 익힐 수 있는 방법은 교양을 배우는 것밖에 없다.

커뮤니케이션의 무기가 된다

다른 배경과 가치관을 가진 사람과 정확하고도 효율적으로 커뮤니케이션을 하기 위해서는 세 가지 소양이 필수적이다. 바로 언어, 논리, 교양이 그것이다. 언어와 논리에 관해서는 설명할 필요가 없겠지만, 왜 교양이냐는 의문을 가질 수 있다. 나는 지극히 개인적인 경험을 통해 교양이 커뮤니케이션을 원활하게 하는 무기가 된다는 점을 깨달았다.

다음은 내가 어느 조직의 개혁 프로젝트에 참여했을 때 당시 클라이언트 기업의 상황에 대해 런던의 동료와 클라이언트가 나눈 대화다.

컨설턴트 　　"그는 어떤 유형의 리더인가요?"
클라이언트 　　"리어왕이지요."

컨설턴트	"그렇군요. 그럼 에드먼드는요?"
클라이언트	"S씨죠."
컨설턴트	"아…… 그렇군요. 코델리아는요?"
클라이언트	"작년까지 있던 N씨가 그 역할을 했는데, S씨에게 밀려났지요."
컨설턴트	"아, 그럼 우리가 코델리아가 될 필요가 있겠군요."
클라이언트	"네. 바로 그렇습니다."

이 대화는 말할 것도 없이 윌리엄 셰익스피어의 희곡 《리어왕》을 소재로 한 것이다. 이 희곡에서 늙은 왕 리어는 겉 다르고 속 다른 두 딸의 의도를 간파하지 못하고 그들을 총애하여 나라를 물려주는 한편, 진정한 사랑으로 직언을 했던 코델리아를 멀리하여 추방해버렸다. 이 대화는 그 주인공들을 비유적으로 사용한 것인데, 《리어왕》의 줄거리를 전혀 모르는 사람에게는 의미 불명의 대화일 것이다.

이것은 언어나 논리적 사고력의 문제가 아니다. 단순히 교양의 문제다. 유럽 사람들은 보통 엘리트라면 《리어왕》 정도는 당연히 읽었을 것이라 전제하고 논의를 진행한다. 물론 머나먼 동양에서 온 컨설턴트를 평가하려는 의도도 있었을지 모른다. 엘리트의 역겨운 속물근성이라고 느껴지는 면도 있을 것이다. 하지만 입장을 바꿔보면 이해할 수 있다.

예를 들어 일본인이라면 "그 두 사람의 관계는 《추신구라》의 기라 고즈케노스케와 아사노 다쿠미노카미와 같다"라고만 하면 그것만으로 복잡한 배경 설명 없이 상황을 이해하고 공유할 수 있을 것이다. (《추신구라》는 일본의 대표적인 국민극으로 내용은 다음과 같다. 아코성의 성주 아사노 다쿠미노카미는 평소 자신을 음해하던 기라 고즈케노스케에게 격분해 궁내에서 칼을 뽑아 그에게 상처를 입힌다. 아사노는 당시 법에 따라 자결하라는 명령을 받고 할복해 죽고, 아사노의 부하 47인의 사무라이가 기라의 목을 벤 후 역시 모두 할복해 죽는다 - 옮긴이)

이런 대화를 했는데 상대가 "무슨 소리인지 모르겠다"라고 한다면, 그 사람의 학력이나 커리어가 아무리 훌륭하더라도 좀 문제가 있다고 생각하는 게 당연하다. 이런 인간관계나 정황을 하나하나 논리적으로 설명하려고 하면 그야말로 답답할 수밖에 없다. 즉, 교양이란 커뮤니케이션의 효율을 단번에 높일 수 있는 일종의 압력솥 같은 기능을 한다.

글로벌 커뮤니케이션에서 《리어왕》을 모르는 것은, 일본에서 일하면서 《추신구라》의 비유를 이해하지 못하는 상황과 마찬가지로 커뮤니케이션에서 손해를 보는 것이다. 특히 서구의 엘리트들은 성서와 셰익스피어를 비롯해, 도스토옙스키 등의 세계 문학을 읽은 것을 전제로 커뮤니케이션을 한다. 이는 일종의 리트머스 시험지와 같은 것으로, 그들로서는 이 프로토콜이 공유되지 않으면 동료로 인정하지 않는다.

영역을 아우르는 무기가 된다

교양은 또한 전문 영역의 분업화가 진행되는 현대 사회에서 각각의 분업화된 영역을 연결해 전체성을 회복하는 무기가 되기도 한다. 지금의 사회는 테크놀로지의 진화가 끌고 가는 형국으로, 이는 필연적으로 전문 분야의 세분화를 요구한다.

이때 특정 영역에 있는 과학 지식과 교양을 이항 대립으로 두면 교양은 모습을 드러낼 무대가 없다. 하지만 교양에 점점 전문적으로 분화되는 과학 지식을 연결하는 역할을 부여하면 어떨까? 지금 부족한 것은 한 영역에 능통한 전문가가 아니라 그 영역을 뛰어넘을 수 있는 크로스오버 인재다. 그리고 그 요구는 점점 강해지고 있다. 전문화가 진행될수록 개별 전문 영역을 뛰어넘어 움직일 수 있는 '자유로운 인간'이 요구되기 때문이다. 그리고 이 '자유로움'을 부여해주는 유일한 것이 바로 교양이다.

영역을 넘어서는 것은 리더로서 필수적인 요건이다. 한 영역의 전문가로 계속 일하는 것만으로는 리더가 될 수 없기 때문이다. 리더로서의 그릇을 키운다는 것은 말 그대로 '비전문가'가 되어가는 것이다. 기업의 관리직 중 가장 '전문 분야 밖의 영역'에 책임을 져야만 하는 포지션이 '사장'임을 생각하면 이해하기 쉽다. 출세한다는 것은 어떤 의미에서는 점점 '비전문가가 되어가는 것'이기도 하다.

리더의 업무는 각기 다른 전문 영역 사이를 오가며 그 영역 안에서 소라게처럼 갇혀 있는 각 영역의 전문가들을 공통의 목적을 위해 움직이도록 만드는 것이다. 일을 하면서 "나는 그쪽은 전문이 아니라서요"라고 몸을 사리는 분위기를 느껴본 적이 누구나 있을 것이다. 하지만 자신의 전문 영역이 아닌 것에 대해서는 말을 꺼내지 않는, 얼핏 당연하게 느껴지는 몸사림이 세계의 진보를 저해하고 있다는 점을 잊어서는 안 된다.

세계 최초의 고속철도인 도카이도 신칸센을 개발할 때 "시속 200킬로미터로 달리는 철도를 만드는 것은 원리적으로 불가능하다"라고 주장하며 신칸센의 가능성을 완강하게 부인한 것은 국철의 고참 엔지니어였다. 그리고 그 고참 엔지니어가 오랫동안 풀지 못한 차량 진동의 문제를 해결한 것은 그 분야에 대해서는 비전문가였던 항공기 엔지니어였다. 이때 그가 "나는 전문가가 아니라서요"라고 아이디어를 제안하지 않았다면 어떻게 되었을까?

세상 대부분의 진보는 영역 밖에 있는 비전문가가 제시하는 아이디어로 이루어지고 있다. 미국의 과학사가로 '패러다임 시프트'라는 말의 창시자인 토머스 쿤은 《과학혁명의 구조》에서 패러다임 시프트는 많은 경우 "그 영역에 들어온 지 얼마 안 되었거나 아니면 아주 젊거나" 한 경우에 이루어진다고 지적했다.

해박한 지식이 없는 문제에 대해서 전체성의 관점에 서서, 생각해야 할 것을 생각하고 말해야 할 것을 말하기 위한 무기로서 교양은 필수라고 할 수 있다.

세계를 바꾸는 무기가 된다

20세기 전반에 활동했던 독일의 철학자 하이데거는 '세계극장' 개념을 통해 우리의 본질, 즉 현존재와 우리가 사회에서 수행하는 역할은 다르다고 설명했다. 무대에서 연기하는 배역을 심리학에서는 페르소나persona라고 한다. 페르소나는 원래 가면이라는 뜻으로, 실제의 자신과는 다른 가면을 쓰고 주어진 배역을 연기한다는 개념이다. 영어로 인격은 'personality'인데, 페르소나에서 온 말이다.

모든 사람은 세계극장에서 배역을 연기하기 위해 세계에 내던져진다. 하이데거는 이를 '기투企投, Entwurf'라고 불렀다. 그리고 기투된 사람들이 세계극장에서 맡은 역할에 매몰되는 것을 '퇴락頹落, Verfallen'이라고 이름 붙였다.

하이데거에 의하면 우리는 세계극장에서 배역을 연기하면서 퇴락해가면서 현존재, 다시 말해 우리의 본질을 잊어버리게 된다. 좋은 배역을 맡은 사람은 현존재를 '좋은 것'으로 생각하고, 하찮은 배역을 맡은 사람은 현존재를 '하찮은 것'으로 생각해버린다.

주연급 배역을 맡은 사람은 극히 소수에 지나지 않는다. 대다수의 사람은 하찮은 단역의, 연기가 서툰 배우로서 세계극장의 무대에 서게 되고, 힘들게 배역을 연기하며 고생한다. 역할에 잘 녹아들어 목소리 높여 노래하고 춤추는 주연에게 갈채를 보내면서 뒤에서는 '저렇게 되고 싶지는 않아'라는 태도를 보이기도 하고 그 주연이 몰락하는 것을 보며 안도의 한숨을 내쉬기도 한다.

이 세상이 건전하고 이상적으로 돌아가고 있다고 생각하는 사람은 한 명도 없을 것이다. 세계극장이라고 한다면, 완전히 엉망인 각본에 따라 움직이고 있는 것이다. 그래서 이 각본을 고쳐 써야 하는데, 여기서 매우 어려운 문제가 떠오른다. 바로 "누가 그 각본을 고쳐 쓸 것인가?"라는 문제다.

드라마 제작을 생각해보자. 각본의 수정에 관여할 수 있는 것은 하시다 스가코(일본의 국민드라마라고 불리는 작품을 여러 편 써낸 일본의 극작가-옮긴이) 수준의 거물 작가나 감독, 이즈미 펑코(일본의 국민배우-옮긴이) 수준의 거물 배우뿐이다.

하지만 조금 더 생각해보면 이 사회에 적응한 사람, 즉 인기 배우는 각본을 변경해도 이익이 없다. 왜곡된 각본 덕분에 다양한 이익을 누리고 있는데, 굳이 그 왜곡을 바로잡을 이유가 없는 것이다. 이는 감독이나 각본가도 마찬가지다.

이 사실은 지금의 세계극장에 적응하지 못한 사람, 단역을 억지로 떠맡은 연기력 없는 배우야말로 변혁의 주인공이 될 수 있음을 의미한다. 연기력이 별로 좋지 않은 배우에게는, 자신에게 실망하지 않고 결코 퇴락하지 않으면서 세계극장을 얼마나 더 나은 곳으로 바꿔나갈 수 있느냐가 가장 큰 과제다. 그리고 현재의 각본에서 벗어나 새로운 세상의 각본을 그리는 데 필요한 기술이 바로 교양이다.

현재의 각본이 왜곡된 것인 이상, 이 왜곡된 각본을 전제로 작성한 '보다 좋은 배역으로 살아가는 기술', 즉 경영학이나 자기계발서의 대부분은 도움이 되지 않는다. 새로운 세상의 각본을 구상하려면 보다 본질적이고 보편적인 바탕을 근거로 삼아야 한다.

오래 지닐 수 있는 무기

지금까지 현대를 살아가는 우리에게 교양이 왜 필요한지를 다섯가지 관점으로 설명했다. 그중에는 납득하기 어려운 것, 위화감을 느끼는 것이 있을지도 모른다. 하지만 경영학을 비롯한 대부분의 '실용' 학문이 기껏해야 수십 년의 역사밖에 되지 않는 것에 비해 교양은 수백 년, 아니 수천 년의 세월을 넘기면서 남아 있음을 기억하기 바란다.

누구라도 무기를 살 때는 튼튼하고 오래 가는 것을 사고 싶어

한다. 그런 의미에서 교양이란 가장 오랫동안 사용할 수 있는 '지식의 무기'라고 할 수 있다. 지금까지 그다지 친숙해질 기회가 없었던 사람이라도 앞으로는 부디 적극적으로 교양과 친해져 모순으로 가득한 세계를 바꾸기 위한 무기를 손에 넣길 바란다.

인류의 나선형 발전에서
미래를 예측하는 힘을 익힌다

역사는 발전하면서 다시 원점으로 회귀한다

현대 사회를 살아가는 비즈니스맨에게 역사를 배우는 것의 의미는 무엇일까? 사람에 따라 여러 가지 답이 있을 테지만, 여기에서는 두 가지를 지적하고 싶다.

첫 번째는 '눈앞에서 일어나고 있는 것을 정확하게 이해할 수 있다'는 점이다. 지금 세상에서 일어나는 일, 그리고 앞으로의 세상에서 일어날 일의 대부분은 과거의 역사 속에서 이미 일어났기 때문이다.

물론 일어난 일을 표면적으로 파악하면 현재의 우리가 대면하고 있는 세상은 지금까지 없었던 것이다. 하지만 그 내부를 움직이는 메커니즘까지 고찰해보면, 같은 메커니즘이 작용했던 역사

202

적 사건이 반드시 있었다.

두 번째는 '미래를 예측하는 능력이 높아진다'는 점이다. 그 이유를 설명하기 위해 필요한 것이 '변증법'이다. 변증법이란 어떤 명제 A가 제시된 다음, 그것을 반증하는 명제 B가 제시되어 쌍방의 알력을 조정하는 형태로 새로운 명제 C가 제시된다는 동적인 사고 프로세스를 보여주는 철학 용어다.

그렇다면 역사와 변증법에는 어떤 관계가 있는 것일까? 역사는 변증법적으로 발전한다고 지적한 것은 철학자 헤겔이다. 헤겔에 따르면, 역사는 최초에 제시된 명제 A가 명제 B로 부정되고, 최종적으로 그것을 통합하는 형태로 명제 C에 의해 정리되는 방식으로 발전해왔다.

이때 역사는 '나선형'으로 발전한다. 이 말은 회전과 발전이 동시에 일어난다는 뜻이다. 발전하면서 원점으로 회귀한다는 것이 변증법의 사고방식이다.

구체적인 예를 들어 생각해보자. 현재 일본에는 같은 연령의 아이들이 같은 학년에 소속되어 정해진 수업 시간표대로 같은 과목을 배우는 구조로 교육 시스템이 운영되고 있다. 초등학교에서 고등학교까지 12년간을 이 구조에 맞추어 교육받아온 우리에게는 이보다 더 나은 교육 시스템은 떠올리기 어렵다. 하지만 사실 이런 구조는 과거에 오랫동안 시행해왔던 교육 시스템과는 크게 다른 것이다.

옛날에는 다양한 연령의 아이들이 데라코야(寺子屋: 한국의 서당에 해당하는 에도 시대 전통 교육기관)에 모여 각자 공부를 하면서 교사는 그것을 지원하는 형태로 교육이 이루어졌다. 현재를 사는 우리에게는 다소 이상해 보일지도 모르지만, 역사적으로는 이러한 교육 시스템이 훨씬 더 오래 이어졌다.

그렇다면 앞으로의 교육 시스템은 어떻게 변화되어갈까? 나는 아마도 예전의 데라코야 같은 형태로 다시 돌아갈 것이라고 생각한다. 실제로 세계 제일의 학력을 자랑하는 핀란드 의무교육의 구조는 이미 이러한 방식으로 바뀌고 있다.

또한 세계에서 이용자가 급증하고 있는 웹상의 학교인 '칸 아카데미'도 그런 구조다. 칸 아카데미를 적극적으로 받아들인 학교에서는 지금까지와 같이 '학교에서 수업을 받고 가정에서 보조적인 학습을 하는' 형태를 역전시켜 '수업은 가정에서 칸 아카데미를 시청함으로써 이루어지고, 이해할 수 없는 부분만 학교에서 선생님께 배우는' 구조로 교육이 바뀐다. 당연하게도 이런 구조를 채택하면 학교에서는 각각의 학생이 어려워하는 부분을 교사가 지원해줄 수 있다.

이런 교육 시스템의 변천 과정을 변증법의 구조로 정리해보면 어떻게 될까? 우선 중세부터 근대에 이르기까지 일본에서 채택했던 데라코야 시스템이 명제 A가 된다. 하지만 이 구조는 메이지 정부의 교육 방침과는 맞지 않았다. 효율이 낮았기 때문이다. 다수의 학생을 모아 교육을 시키기 위해서는 마치 공장처럼 일률적인 교육 시스템을 만들어야 했다. 그래서 호적에 기초해 특정 연령이 되면 획일적으로 같은 내용을 가르치는 구조가 필요해졌고, 이것은 최초의 교육 시스템에 대한 안티테제Antithese로서 명제 B가 된다.

그리고 현재 전 세계적으로 일어나는 교육 혁명은 다시 '개별 학생의 관심과 향상도에 맞추어 교사가 교실에서 지원하면서 학습을 진행하는' 형태로 돌아가는 것을 의미한다. 그런데 여기에서 주의해야 할 것은 이렇게 돌아가는 게 단순한 '원점 회귀'가 아니라 '발전적 원점 회귀'라는 점이다. 테제가 제시되고, 그것에 대한 안티테제가 제시된 다음, 양자의 모든 특징을 아우르는 새로운 명제, 즉 진테제Synthese가 제안되는 것이다.

이전의 데라코야식 교육 시스템은 아무래도 효율성이라는 점에서 문제가 있었다. 현재 전 세계에서 부상하고 있는 새로운 교육 시스템은 각 개인에 맞추는 세심함과 전체로서의 효율을 양립시키려는 의도로 만들어지고 있다.

여기에서 '역사를 알고 있다'는 것은 중요한 핵심이 된다. 왜냐하면 역사가 변증법적으로 '발전적 원점 회귀'를 반복하면서 앞으로 나아간다고 한다면, 역사를 모른다면 어떤 '원점'으로 회귀해야 할지를 전혀 알 수 없기 때문에 예측이 불가능하다.

나선형으로 '발전적 원점 회귀'를 반복하면서 변화하고 있는 사회에서 어떤 '원점'이 부활할 것인지를 예측할 수 있게 된다. 이것이 역사를 배우는 가장 큰 의미라고 할 수 있다.

역사 추천 도서

《대영제국 쇠망사大英帝国衰亡史》

나카니시 데루마사中西輝政

까치

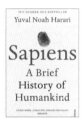

《사피엔스Sapiens》

유발 하라리|Yuval Harari

김영사

《에게 영원회귀의 바다エーゲ永遠回帰の海》

다치바나 다카시立花隆

청어람미디어

《역사가의 자화상歴史家の自画像》

아베 긴야阿部謹也

국내 미출간

《역사란 무엇인가What is History?》

E. H. 카E. H. Carr

동서문화사

《중세의 가을Herfsttij der Middeleeuwen》

요한 하위징아Johan Huizinga

동서문화사

《지중해La Méditerranée et le Monde Méditerranéen a l'époque de Philippe II》

페르낭 브로델Fernand Braudel

까치

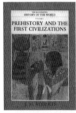

《히스토리카 세계사The Illustrated History of the World》

J. M. 로버츠J. M. Roberts

이끌리오

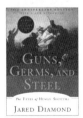

《총 균 쇠Guns, Germs, and Steel》

재레드 다이아몬드Jared Diamond

김영사

2. 경제학

경쟁에서 이기기 위해
시장의 원리를 깨친다

시장이 비즈니스라고 하는 게임의 룰을 규정하고 있다

경제학을 배우는 의미에 대해 세상에서는 일반적으로 '사회인으
로서의 상식이니까' 혹은 '세상의 구조를 이해할 수 있으니까'라
고 말한다. 그런데 나는 '교양으로서의 경제학적 지식'의 유용성
을 부정하지는 않지만 부차적인 것이라고 생각한다. 비즈니스맨
이 지적 전투력을 높인다는 목적에 비추어 경제학을 배우는 의
미를 생각해보면 크게 두 가지 포인트를 지적할 수 있다.

첫째, 경제학이 연구대상으로 삼고 있는 '경제'나 '시장'이 비즈
니스라는 게임의 기본 룰을 규정하고 있다는 점이다. 비즈니스는
당연히 경쟁을 내포한다. 그렇다면 그 경쟁의 룰은 누가 규정하
는 것일까? 공정거래위원회? 그곳은 부당한 경쟁을 하는 플레이

어를 적발하는 일을 하는 곳이지 룰을 규정하는 곳은 아니다. 사실 비즈니스 경쟁의 룰을 규정하는 것은 시장이다. 인간이 만들어낸 시장이 제멋대로 룰을 만들어내는 것이다. 그리고 이 룰에 인간은 속박된다. 이것을 마르크스는 '소외'라고 말했다. 인간이 만든 것이, 만든 주체인 인간에게서 벗어나 멀어진다는 뜻이다.

따라서 시장이 어떻게 움직이는지를 아는 것은 비즈니스의 룰을 이해하기 위해 매우 중요하다. 그리고 이 '시장의 움직임'을 연구하는 것이 경제학이라는 학문이다. 이렇게 생각하면 비즈니스맨이 경제학을 배우는 의미를 이해할 수 있을 것이다.

하버드 대학의 마이클 포터 교수는 《마이클 포터의 경쟁 전략》이라는 경쟁 전략과 관련해 교과서와도 같은 책을 쓴 것으로 매우 유명하다. 이 책은 기본적으로 경제학, 특히 산업조직론의 구조를 이용해 쓰였다. 마이클 포터는 경영 전략의 대가니 경영학자 출신이라고 생각하는 사람이 많지만, 그는 원래 경제학 박사학위를 취득한 경제학자였다.

경제학은 최대한 사람들의 생활을 윤택하게 만드는 것을 목표로 한다. 간단하게 말하면, 시장에 건전한 경쟁이 일어나 누구라도 좋은 물건을 싸게 살 수 있는 사회를 '좋은 사회'로 간주하고, 이를 저해하는 요인을 배제하려고 한다. 즉, 한 회사가 시장을 독점적으로 지배해 경제학적 신진대사가 일어나지 않는 상황을 어떻게 하면 피할 수 있는지를 고민하는 학문이다. 하지만 거꾸로 시장에 참가하는 플레이어 입장에서 생각해보면 어떨까? 한 회사가 독점적으로 시장을 지배하고 신진대사가 일어나지 않는 상황은 그야말로 이상적이다. 마이클 포터는 경제학이 계속 해온 이런 연구를 뒤집어 경영학의 세계로 가져왔다. 이런 사실을 알면 경제학 공부가 비즈니스 세계의 지적 전투력 향상에 어떻게 연결되는지를 이해할 수 있다.

경제학을 배우는 것의 두 번째 의미는 '가치'라는 개념의 본질에 대해 통찰을 얻을 수 있다는 점이다. 이 부분을 확실하게 파악하지 않으면 '경제학적 지식'은 늘겠지만 '경제학적 감각'은 익힐 수 없다. 물론 지적 전투력에 있어 중요한 것은 지식보다 '감각'이다.

예를 들어 물건의 가치는 어떻게 결정될까? 여기에 대해서는 여러 가지 사고방식이 있다. 마르크스는 물건의 가치는 그 물건을 만들기 위해 투입된 노동의 양으로 정해진다고 말했다. 이른바 '노동가치설'이라고 불리는 사고방식이다.

그러나 현재를 살아가는 우리는 노동력이 많이 투입되었다고 해서 반드시 가치가 높은 물건이 나오는 것은 아니라는 것을 알고 있다. 예를 들어 도요타 자동차의 생산성은 세계 제일로 평가받고 있는데, 생산성이 높다는 것은 '노동력이 많이 투입되지 않았다'는 것을 의미한다. 그렇다면 노동력이 투입되지 않은 도요타 자동차가 다른 자동차와 비교해 가치가 낮은가 하면 전혀 그렇지 않다. 현대의 경제학에서는 물건의 가치가 수요와 공급의 균형에 의해 결정된다고 생각한다. 같은 물건이라도 공급이 수

요를 쫓아가지 못하는 상황에서는 그 가치가 상승하고, 수요 이상으로 공급이 되면 그 가치가 하락하는 것이다. 이것은 경제학을 조금이라도 배운 사람이라면 누구나 알고 있는, 일종의 경제학 정리定理와도 같다.

따라서 우리가 팔고 있는 물건이나 서비스의 가치를 올리려면 수요와 공급의 균형을 조절한다는 의식이 중요한 것이다. 이를 증명한 것이 다이아몬드의 카르텔이다. 남아프리카에서 다이아몬드 광산의 개발 경쟁이 치열했던 20세기 초, 공급 과잉에 빠진 다이아몬드의 가치는 점점 하락해서 언젠가는 수정과 같은 값어치가 될 것이라는 말이 돌던 시기가 있었다.

이때 이 상황을 피하게 만든 것이 유대인 사업가 어니스트 오펜하이머였다. 그는 로스차일드 은행의 자금으로 다이아몬드 광산에서 채굴한 원석을 전량 사들인다는 굉장한 카르텔을 구상했다. 당시는 세계 대공황 직후로 광산은 안정적으로 판매할 수 있는 이 아이디어를 환영했고, 결과적으로 남아프리카에서 채굴된 다이아몬드 원석은 모두 이 카르텔에서 제공하게 되었다.

그리고 다음 행보는 시장에 공급하는 다이아몬드의 양을 의도적으로 줄이는 방법으로 가격을 끌어올리는 것이었다. 이 카르텔이 현재 드비어스사의 전신이었다는 것을 알면 '경제학적 감각'이 비즈니스 세계의 지적 전투력 향상에 어떻게 연결되는지 이해할 수 있을 것이다.

경제학 추천 도서

《거시경제학Macroeconomics》

그래고리 맨큐N. Gregory Mankiw

시그마프레스

《경제의 책The Economics Book》

니알 키시타이니Niall Kishtainy

지식갤러리

《경제학의 사고방식経済学の考え方》

우자와 히로후미宇沢弘文

인천대학교 후기산업사회 연구소

《공산당선언Manifest der Kommunistischen Partei》

카를 마르크스Karl Marx, 프리드리히 엥겔스Friedrich Engels

책세상

《맨큐의 경제학Principles of Economics》

그래고리 맨큐N. Gregory Mankiw

센게이지러닝

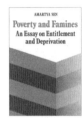

《빈곤과 기근Poverty and Famines》

아마르티아 센Amartya Sen

국내 미출간

《엔데의 유언エンデの遺言》

가와무라 아쓰노리河邑厚德

갈라파고스

《일본인을 위한 경제원론日本人のための経済原論》

고무로 나오키小室直樹

국내 미출간

《프로테스탄티즘의 윤리와 자본주의 정신

Die Protestantische Ethik und der Geist des Kapitalismus》

막스 베버Maximilian Weber

동서문화사

지금의 룰에 의문을 품고
자기 머리로 생각하는 힘을 단련한다

철학에는 반드시 큰 '부정'이 포함되어 있다

대부분의 비즈니스맨에게 철학이라는 학문은 가장 거리가 멀게 느껴질 것이다. 하지만 사실 유럽의 엘리트 양성기관에서 철학은 18세기 이후 역사와 더불어 가장 중요시되어온 학문이기도 하다.

예를 들어 영국에서 엘리트를 다수 배출하고 있는 옥스퍼드 대학에서는 오랜 기간 철학과 역사가 필수 과목이었다. 현재 옥스퍼드 대학의 간판 학부는 바로 'PPE = 철학Philosophy·정치Politics·경제Economy' 학부다.

일본의 대학 시스템에 익숙해진 사람이 본다면 왜 철학과 정치와 경제를 같은 학부에서 공부하는 것인지 이상하게 생각할 수도 있다. 하지만 사실은 일본의 대학 시스템이 '세계의 비상식'이다. 철학을 배우는 기회를 부여하지 않고는 엘리트로 육성할 수 없으며, 그것은 '위험하다'는 것이 유럽의 사고방식이다.

프랑스도 마찬가지다. 프랑스의 교육 제도의 특징으로 자주 언급되는 것이 리세(고등학교) 최종 학년의 철학 교육과 바칼로레아(대학 입학 자격 시험)의 철학 시험이다. 인문계와 자연계를 가리지 않고 모든 고등학생은 철학을 필수적으로 배우고, 철학 시험은 바칼로레아 첫째 날 첫 과목으로 치러진다. 바칼로레아에 합격한 학생은 장래 프랑스를 이끌어갈 엘리트가 되는데, 그런 학생을 뽑는 시험에서 가장 중요한 과목이 '철학'이다.

도대체 철학을 배운다는 것은 어떤 의미이기에 그럴까? 한마디로 말하자면 그것은 '스스로 생각하는 힘을 단련한다'는 것이다. 이 '생각한다'라는 단어는 가볍게 사용되는 말이지만 진정한 의미에서 '생각한다'는 것은 만만한 의미가 아니다.

"하루 종일 생각해봤지만⋯⋯" 같은 말을 자주 하는 사람이 있지만, 이렇게 말하는 사람이 하는 것은 '생각'이 아니라 '고민'이다.

현재 이 '스스로 생각하는 힘'은 지극히 중요한 자질이 되어가고 있다. 왜냐하면 지금까지 의거해온 '기준이나 척도'가 점점 시대에 뒤처지고 있기 때문이다.

지적 전투력을 높인다는 맥락에서 생각해보면, 주어진 룰과 시스템을 의심 없이 받아들여 그 틀 안에서 어떻게 이길 것인지를 생각하는 사람보다는 주어진 룰과 시스템 자체의 옳고 그름을 생각해 원래의 룰을 바꾸려고 하는 사람 쪽이 압도적으로 높은 지적 퍼포먼스를 발휘할 것은 당연한 일이다.

좀 더 알기 쉽게 말하자면, 철학은 '의심의 기술'이라고 할 수 있다. 철학사를 살펴보면 철학자들이 마주해온 물음은 기본적으로 다음의 두 가지밖에 없다.

① 세상은 무엇으로 이루어져 있는가?
② 우리는 어떻게 살아가야 하는가?

그리고 고대의 중국, 인도, 그리스에서 시작된 철학의 역사는 계속해서 이어질 이 두 가지 물음에 대한 대답의 제언과, 그 후 시대로 이어지는 철학자들이 내놓은 부정과 대체안의 제언에 의해 성립되고 있다.

철학의 제언에는 반드시 큰 '부정'이 포함되어 있지 않으면 안 된다. 물리 법칙과 마찬가지로 무엇인가 큰 '긍정'을 하기 위해서는 반드시 큰 '부정'이 있어야 한다. 즉, 세상에서 주류가 된 사고 방식과 가치관이라도 '정말로 그런 것일까? 다르게 생각할 수는 없을까?'라고 생각하는 것이 철학하는 사람에게 요구되는 기본적인 태도다.

한 가지 더 추가하자면, 이 '정말로 그런 것일까?'라는 비판적 의심의 발단이 되는 미묘한 위화감을 감지하는 능력도 중요하다. 오늘날 세상에는 명상을 중심으로 하는 마음 다스리기가 하나의 흐름으로 만들어지고 있다. 마음 다스리기와 철학은 별로 접점이 없어 보일지도 모르지만, '자기 안에서 솟아오르는 미묘한 위화감을 깨닫는 것이 중요하다'는 지점에서 양자는 공통의 뿌리를 가졌다고 할 수 있다.

철학 추천 도서

《다케다 교수의 철학 강의 21강: 21세기를 읽고
해석한다竹田教授の哲学講義21講: 21世紀を読み解く》

다케다 세이지竹田青嗣

국내 미출간

《마음을 쏘다, 활Zen in der Kunst dess Bogenschiessens》

오이겐 헤리겔Eugen Herrigel

걷는책

《바보의 벽バカの壁》

요로 다케시養老孟司

재인

《사상 최강의 철학 입문史上最強の哲学入門》

야무차飲茶

동녘

《세계 15대철학世界十五大哲学》

데라사와 쓰네노부寺沢恒信, 오이 다다시大井正

국내 미출간

《이성의 한계理性の限界》

다카하시 쇼이치로高橋昌一郎

책으로보는세상

《자유로부터의 도피Escape trom Freedom》

에리히 프롬Erich Fromm

휴머니스트

《철학의 책The Philosophy Book》,

윌 버킹엄Will Buckingham 외

지식갤러리

《푸코, 바르트, 레비스트로스, 라캉 쉽게 읽기寢ながら學べる構造主義》

우치다 다쓰루内田樹

갈라파고스

사고 과정을 간접 체험하며
비즈니스의 공통 언어를 배운다

고전에서 '생각하는 비법'을 감각으로 배워나간다

경영학을 배우는 의미에 대해 새삼스럽게 다시 언급할 필요는 없을지도 모른다. 앞에서 말한 대로 나는 경영학을 전공하지도, 경영대학원을 다니지도 않았다. 기본적인 경제학이나 경영학의 틀조차 알지 못한 채로 컨설턴트 생활을 시작했다. 하지만 경영학의 지식이 필요 없다고는 생각하지 않는다.

비즈니스의 현장에서 사용하는 용어는 기본적으로 경영학 용어다. 이것을 배우지 않으면 기본적인 커뮤니케이션조차 불가능할 정도이다. 나는 경영학에 과도하게 의존하는 것을 경계해야 한다고 생각하지만, 한편으로는 경영학을 배우지 않고 현대 세계에서 높은 지적 전투력을 발휘하는 것은 불가능하다고도 생각한다.

그렇다면 경영학을 독학으로 어떻게 공부해야 할까? 기본은 정석 중의 정석을 확실하게 파악하는 것이다. 정석이 되는 책을 확실하게 자기 것으로 만든 다음에는 자신의 일과 관련된 영역을 업데이트하는 것으로 충분하다고 생각한다.

지금으로부터 10여 년 전, 나는 경영학에 관한 지식이 전혀 없는 채로 컨설팅 회사에 다니게 되었다. 그리고 경영대학원에서 사용하는 교과서를 중심으로 경영학과 관련된 유명한 책들을 2년에 걸쳐 모두 다 읽어내자고 생각했고, 실행했다.

하지만 이것은 지극히 비효율적인 방법이었다. 나는 3년간 200권에 이르는 책을 읽었지만, 지금에 와서는 '10퍼센트만 읽었더라도 90퍼센트의 효과를 얻을 수 있었을 텐데'라고 생각한다. 문제는 '어떤 10퍼센트가 90퍼센트의 효과를 낳는 책일까'를 읽기 전에는 알 수 없었다는 것이다.

내가 여기에서 소개한 책들 대부분은 이른바 '고전'이라고 불리는 것들이다. 나는 과거의 경험으로, 경영학을 독학한다면 반드시 고전이나 원전에 해당하는 책을 읽는 것이 중요하다고 생각한다. 하지만 이들 책은 꽤 묵직하다. 예를 들어 《마이클 포터의 경쟁우위》는 분량이 상당해서 완독하기 위해서는 많은 시간이 필요하다.

이 시점에서 서점의 경제경영서 코너에 가 보면 이 책에 관한 해설서가 많이 있으니 오랜 시간을 들이지 않아도 핵심을 배울 수 있다고 생각할지도 모른다. 여기에 바로 경영학 독학의 함정이 있다. 단언하지만, 원서를 요약한 해설서를 아무리 읽어도 경영학과 관련된 지적 전투력은 높아지지 않는다. 이유는 매우 단순하다. 고전이나 원전을 시간을 들여 꼼꼼하게 읽고, 저자의 사고 프로세스를 받아들임으로써 경영의 사고방식을 감각으로 배워나가는 것이야말로 의미가 있기 때문이다.

요약판이나 해설서라는 것은 이 사고의 프로세스를 생략하고 프레임워크나 키워드만 소개하고 있는 것이라 그런 지식을 아무리 기억한다고 해도 지적 체력은 향상될 수 없다. 뒤집어 말하자면, 경영학을 배우기 위해 계속해서 나오는 신간을 읽을 필요는 없다는 것이다. 물론 지금 하는 일의 실무에 필요하다면 그것은 다른 문제다.

닥치는 대로 신간이나 화제의 경영서를 읽는 사람이 있지만, 그런 시간에 고전이라고 불리는 책을 한 번 더 읽는 것이 좋다. 한 번의 독서를 통해 얻을 수 있는 것은 그리 많지 않다. 특히 명저나 고전일수록 여러 번 읽으면 다양한 각도에서 배움이 가능하다.

경영학 추천 도서

《개혁의 확산Diffusion of Innovations》

에버렛 M. 로저스Everett M. Rogers

커뮤니케이션북스

《마이클 포터의 경쟁우위Competitive Advantage》

마이클 포터Michael Porter

비즈니스랩

《마케팅 관리론Marketing Management》

필립 코틀러Philip Kotler, 케빈 레인 켈러Kevin Lane Keller 외

교문사

《재무관리의 이해Principles of Corporate Finance》

리처드 A. 브릴리Richard A. Brealey 외

지필미디어

《전략경영과 경쟁우위Strategic Managment and Competitive Advantage》

윌리엄 헤스털리William S. Hesterly, 제이 B. 바니Jay B. Barney

시그마프레스

《전략 경제학Economics of Strategy》

데이비드 베상코David Besanko 외

국내 미출간

《제프리 무어의 캐즘 마케팅Crossing the Chasm》

제프리 A. 무어Geoffrey A. Moore

세종서적

《핵심 조직행동론Essentials of Organizational Behavior》

스티븐 P. 로빈스Stephen P. Robbins, 티모시 A. 저지 Timothy A. Judge

시그마프레스

《혁신기업의 딜레마The Innovator's Dilemma》

클레이튼 M. 크리스텐슨Clayton M. Christensen

세종서적

인간이 느끼고 생각하고 행동하는 '불합리성'을 깨친다

인간이라고 하는 시스템은 전혀 합리적으로 행동하지 않는다

심리학은 왜 배우는 것일까? 협상에 유리한 고지를 선점하기 위해? 정신적인 케어를 위해? 물론 그런 것들도 있다.

하지만 이렇게 생각해보자. 비즈니스의 모든 측면에는 최종적으로 '사람'이 관련된다. 따라서 그 '사람'이 어떻게 느끼고 생각하고 행동하는지를 연구하는 학문인 '심리학'이 비즈니스맨에게 큰 시사를 주는 것은 당연하다.

중요한 핵심은 '인간은 합리적이지 않다'는 점이다. 이것이 대단히 중요하다. 앞장에서 경제학을 배우는 것의 의미를 설명했지만 경제학, 특히 고전경제학에서는 인간을 '합리적인 존재'로 가정한다. 시장을 구성하는 플레이어인 각 개인을 '경제적 이득을 최대화하는 것을 목표로 합리적으로 판단하는 존재'로 가정하는 것이다.

경제학은 시장이라는 시스템의 움직임을 연구하는 학문이다. 이 시스템의 움직임을 설명하기 위해 시스템의 구성 요소인 인간이 어떻게 의사결정을 내리는지를 모델화하는 것이다. 하지만 여기에서 큰 문제가 있다. 바로 인간은 전혀 합리적이지 않다는 것이다. 원래대로라면 합리적으로 행동해야 하는 인간이, 많은 경우 불합리하게 행동한다. 이 불합리한 행동을 왜 하는지를 연구하는 학문이 바로 '심리학'이다.

이것이 왜 중요할까? 예를 들어 마케팅을 생각해보자. 시장에 존재하는 소비자가 전부 합리적인 존재라면 비용 대비 효과 측면에서 가장 뛰어난 상품만이 살아남고, 나머지는 전부 도태될 것이다. 하지만 실제로는 반드시 비용 대비 효과가 가장 뛰어난 상품만 살아남는 것이 아니다. 인간의 불합리한 판단 기준에 들어맞는 상품이 살아남는다. 인간의 불합리성을 이해하는 것이 중요한 이유다.

인간이라는 시스템이 합리적으로 행동한다면 심리학이라는 학문은 필요 없을 것이다. 예측할 수 있기 때문이다. 이익의 최대화만이 목적이라면 효용함수를 쓸 수만 있으면 행동은 완전히 예측할 수 있다.

하지만 인간은 그렇지 않다. 합리적이지 않은, 아니 손해가 확실한 일도 해버리는 것이 인간이다. 이런 불가사의한 인간의 행

226

동을 연구하는 것이 바로 심리학인 것이다.

"인간의 모든 지식 중에서 가장 유용하면서 가장 발전하지 않는 것은, 인간에 관한 지식일 것이라고 나는 생각한다."

루소, 《인간 불평등 기원론》

심리학 추천 도서

《마틴 셀리그만의 플로리시Flourish》

마틴 셀리그만Martin Seligman

물푸레

《몰입flow》

미하이 칙센트미하이Mihaly Csikszentmihalyi

한울림

《민담의 심층昔話の深層》

가와이 하야오河合隼雄

문학과지성사

《사회심리학 강의社会心理学講義》

고자카이 도시아키小坂井敏晶

국내 미출간

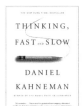

《생각에 관한 생각Thinking, Fast and Slow》

대니얼 카너먼Daniel Kahneman

김영사

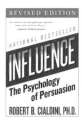

《설득의 심리학Influence》

로버트 치알디니Robert Cialdini

21세기북스

《심리의 책The Psychology Book》

캐서린 콜린Catherine Collin 외

지식갤러리

《심리학과 삶의 핵심Essentials of Psychology and Life》

필립 짐바르도Philip Zimbardo

국내 미출간

《테라피스트セラピスト》

사이쇼 하즈키最相葉月

국내 미출간

전체 구상의 잘잘못을
직감적으로 판단할 수 있는 힘을 키운다

좋은 전략은 전체적으로 아름다운 음악처럼 조화를 이룬다

음악을 배우는 의미에 대해서는 다양한 접근이 가능하지만, 이를 한마디로 정리해보면 '전체를 직감적으로 파악하는 능력을 높이는 것'이라고 생각한다. 이 능력은 록이나 재즈도 키울 수 있겠지만, 여기에서는 가장 효과가 높다고 생각되는 클래식 음악으로 설명해보겠다.

클래식 음악에는 다양한 악곡 형식이 있다. 하나의 악기로 연주하는 독주, 현악기 4개로 연주하는 현악사중주, 좀 더 규모가 큰 실내악 등이다. 이 중 가장 대표적인 형식 중 하나가 바로 교향곡이다.

교향곡은 짧은 것이라도 30분 정도가 걸리고, 긴 것은 1시간에 이르기도 한다. 즉, 듣는 사람은 30분에서 1시간 정도의 음악을 들으면서 그 음악에서 기승전결을 읽어낸다.

이때 그 흐름이 얼마나 매끄러우면서도 의표를 찌르는지에 따라 이른바 '명곡'이라고 불리는 곡이 된다. 반대로 매끄럽더라도 놀라움이 없고, 혹은 놀라게 하지만 덜컹거리는 느낌을 주는 곡은 졸작이라고 한다.

현재 우리는 역사의 체에 걸러진 명곡들만 듣고 있다. 이런 명곡을 들으면 작곡가가 구상한 모든 것을 우리도 함께 체험할 수 있다. 평론의 신이라고 불리는 고바야시 히데오는 모차르트에 심취해《모차르트》라는 수필을 남겼다. 이 수필 중 모차르트가 어떻게 곡을 구상하는지에 대해 고찰할 부분이 있다.

"모차르트의 편지는 말한다 — 구상은 마음속에 전체적으로 모습을 보인다. 작품은 상상 속에서 완성하는 것이고, 그것을 적는 것은 오리의 이야기를 하면서라도 가능하다."

고바야시 히데오,《모차르트》

모차르트에게 있어 곡 전체의 구상은 '정신을 차렸을 때는 이미 거기에 있다'라고 할 정도로 하늘에서 내려받은 것처럼 완성되어 있었다고 한다. 반면 베토벤이나 브람스는 퇴고에 퇴고를 거듭해 곡의 구상을 가다듬었다. 베토벤이 사용한 노트를 보면 그가 여러 시행착오를 겪으며 악상을 다듬어갔음을 알 수 있다.

정말로 흥미로운 이야기다.

사실 베토벤은 모차르트의 제자로 공부하던 시절이 있었다고 한다. 그는 그때를 회상하면서 "모차르트가 화장실에 들어갔다가 나오니 화장실에 멜로디가 적혀 있었지. 그건 정말 대단했어. 나는 필사적으로 멜로디를 만들어내려고 애쓰는데, 이 사람은 똥과 함께 멜로디를 내보내는구나 하고 생각하니 놀라웠지"라고 말하기도 했다.

그리고 그들의 음악을 비교해서 들어보면 그런 구상법의 차이가 음악에 나타나 있는 것을 느낄 수 있다.

높은 수준의 지적 퍼포먼스를 발휘하는 인물들을 보면 아마추어 이상의 음악적 소양을 쌓은 인물이 적지 않는다. 모차르트를 좋아해 어디를 가더라도 바이올린을 소지했던 아인슈타인의 일화는 이미 유명하고, 소니의 세계 전략을 주도한 오가 노리오 역시 원래 바리톤 가수로 활동하다 직업을 바꿔 소니에 입사했고 만년에는 종종 오케스트라의 지휘를 하기도 했다. 맥킨지 일본의 전 대표였던 오마에 겐이치는 수준급의 클라리넷 연주자였고, 싱어송라이터인 오구라 게이는 다이이치간교 은행에서 근무하면서 부도칸에서 콘서트를 하기도 했다.

장기간에 걸친 음악 훈련이 뇌에 무엇인가 변화를 불러오고, 그 변화가 지적 생산에 긍정적인 영향을 준다는 점은 다양한 연구를 통해 밝혀진 바 있다. 이 점에 대해 이전에 오마에 겐이치가 한 조언이 지금도 마음속에 남아 있다. 오마에 겐이치는 나에게 "좋은 전략, 좋은 사업 계획이라는 것은 전체적으로 아름다운 음악처럼 조화를 이룬다네. 요소와 부분으로 분해해서 좋고 나쁨을 나누는 문제가 아니야. 전체 구상으로서의 조화, 그것이 가장 중요한 것이지"라고 말했다.

이것은 예를 들어 교향곡을 듣고 직감적으로 느끼는 감정과 마찬가지로 사업 계획을 판단해야 한다는 말이다. 이런 '구상의 좋고 나쁨을 판단하는 감수성'은 음악을 통하지 않고는 단련할 수가 없다.

음악 추천 도서

《다니카와 슌타로가 들은 다케미츠 도오루의 맨
얼굴谷川俊太郎が聞く、武満徹の素顔》

다니카와 슌타로谷川俊太郎

국내 미출간

《도쿄 대학의 알버트 아일러 도쿄 대학 재즈 강
의록東京大学のアルバート・アイラー 東大ジャズ講義録》

기쿠치 나루요시菊地成孔, 오타니 요시오大谷能生

국내 미출간

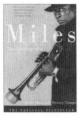

《마일스 데이비스Miles Davis》

마일스 데이비스Miles Davis

집사재

《서양 음악사西洋音楽史》

오카다 아케오岡田暁生

삼양미디어

《아쿠 유 신화 해체: 가요곡의 일본어阿久悠神話解体: 歌謡曲の日本語》

미사키 데쓰見崎鉄

국내 미출간

《오자와 세이지 씨와 음악을 이야기하다小澤征爾さんと、音楽について話をする》

무라카미 하루키村上春樹, 오자와 세이지小澤征爾

비채

《음악音楽》

오자와 세이지小澤征爾, 다케미쓰 도루武満徹

국내 미출간

《음악기계론音楽機械論》

요시모토 다카아키吉本隆明, 사카모토 류이치坂本龍一

국내 미출간

《음악의 기초音楽の基礎》

아쿠타가와 야스시芥川也寸志

AK커뮤니케이션즈

7. 뇌과학

인간이 자주 일으키는 오류를
정확히 이해하고 예측한다

인간의 '불합리함'에는 일정한 패턴이 있다

뇌과학을 배우는 이유는 한마디로 '인간을 알기 위해서'라고 할 수 있다. 심리학을 배우는 이유와 기본적으로 같다. 즉, 뇌과학을 배우는 것은 어떤 상황에서 인간이 어떻게 행동할지를 정확하게 이해하고 예측하기 위함이다.

앞서 말했듯 인간은 반드시 합리적으로 행동하지는 않는다. 간혹 지극히 불합리한 행동을 해버리는 것이 인간이다. 참으로 난감한 일이 아닐 수 없다. 불합리한 행동은 예측하기 어렵기 때문이다. 이런 상황이라면 이렇게 행동하리라는 예측은 그 사람이 같은 효용함수를 가지고 있어 합리적으로 판단한다는 가정하에 이루어진다.

236

일본 장기를 예로 들어보겠다. 장기의 행마는 '장군을 잡는다'는 목표를 향해 말을 움직인다. 옆에서 보는 사람도 같은 목표를 공유하고 있기에 다음의 수를 예측할 수 있다. 하지만 플레이어가 불합리하면 이러한 예측은 크게 벗어나게 된다. 극단적으로 말하자면, 일부러 지려고 마음먹고 플레이에 임하는 기사가 다음에 어떤 수를 둘지는, 이기려는 목적을 가지고 플레이를 한다는 가정하에 보는 사람은 예측할 수 없다.

그렇다면 인간의 불합리한 행동은 절대로 예측할 수 없는 것일까? 사실은 그렇지 않다는 것이 최근의 심리학과 뇌과학의 연구로 밝혀지고 있다. 심리학자 대니얼 카너먼은 불합리한 인간의 행동에 관한 연구로 노벨 경제학상을 수상했다. 이 연구에서 주목해야 할 지점은 인간은 그리 합리적이지 않지만 그 불합리함에는 일정한 패턴이 있다는 것이다.

인간이라는 시스템은 종종 에러를 일으켜 불합리한 연산을 하지만, 그 '에러가 나오는 형태'에는 일정한 패턴이 있다. 심리학이나 뇌과학을 배운다는 것은 인간이라는 시스템이 종종 일으키는 에러에 대해 그 패턴을 공부하는 것을 의미한다. 그리고 지적 전투력을 향상시킨다는 것은 단적으로 말해 '지금 무엇이 일어나고 있는가?'와 '지금부터 무엇이 일어날 것인가?'라는 질문에 대해 확률이 높은 대답을 얻는 기술을 향상시키는 것이다.

'사람이 어떤 경우에 어떻게 합리적 혹은 비합리적으로 행동하는가'를 연구하는 뇌과학이 지적 전투력에 기여하는 이유다.

뇌과학 추천 도서

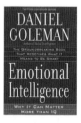

《EQ 감성지능Emotional Intelligence》

대니얼 골먼Daniel Goleman

웅진지식하우스

《교양으로 읽는 뇌과학進化しすぎた脳》

이케가야 유지池谷裕二

은행나무

《내 뇌가 나를 이렇게 만들었다My Brain Made Me Do It》

엘리에저 J. 스턴버그Eliezer J. Sternberg

국내 미출간

《뇌과학의 교과서: 마음 편脑科学の教科書: こころ編》

이화학연구소 뇌과학 종합연구센터理化学研究所脳科学総合研究センター

국내 미출간

《뇌과학의 교과서: 신경 편脳科学の教科書: 神経編》

이화학연구소 뇌과학 종합연구센터理化学研究所脳科
学総合研究センター

국내 미출간

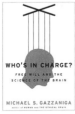

《뇌로부터의 자유Who's in Charge?》

마이클 가자니가Michael Gazzaniga

추수밭

《데카르트의 오류Descartes' Error》

안토니오 다마지오Antonio Damasio

NUN(눈출판그룹)

《똑똑한 뇌 사용설명서Welcome to Your Brain》

샌드라 아모트Sandra Aamodt, 샘 왕Sam Wang

살림Biz

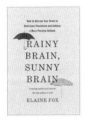

《즐거운 뇌, 우울한 뇌Rainy Brain, Sunny Brain》

일레인 폭스Elaine Fox

RHK

8. 문학

'성의 있는 거짓말'로
인간성을 깊이 이해한다

그 지역의 사회와 문화 속에서 '살아 있는 인간'을 떠올린다

문학을 배우는 의미에 대해 나는 두 가지를 지적하고 싶다.

첫째, 보다 좋은 세상과 인간을 이해하는 데 매우 유용하다는 점이다. 예를 들어 우리에게 19세기 후반의 파리나 20세기 중반 아프리카의 생활, 사회, 문화를 감각적으로 이해하기란 대단히 어려운 일이다. 아무리 당시의 통계 수치나 사회, 문화에 관한 보고서를 읽어도 머릿속에 들어오는 것은 추상적인 정보뿐이라 거기에서 '살아 있는 인간'을 떠올리는 것은 어렵다. 하지만 문학은 그것을 가능하게 해준다.

예를 들어 오노레 드 발자크의 《고리오 영감》을 읽으면 19세기 파리에 대해서, 리샤르드 카푸시친스키의 《흑단》을 읽으면

20세기 중반의 아프리카에 대해 당시 그 지역의 생생한 인간과 사회의 모습을 떠올릴 수 있다. 그리고 이들 인간이 작품 속에서 어떻게 생각하고 행동하는지를 보면 인간과 사회를 더 깊이 이해할 수 있다. 작가 무라카미 하루키는 문학을 배우는 의미에 대해 "성의 있는 거짓말을 꿰뚫어보게 된다"라고 지적하고 있다.

세계에서 가장 오래된 장편문학으로 꼽히는 《겐지 이야기》에 대해 모토오리 노리나가는 이 작품의 문학으로서의 본질은 '모노노아와레物の哀れ'에 있다고 지적했다. 모노노아와레는 좀처럼 이해하기 어려운 개념이다. 모토오리 노리나가가 사용한 본래의 의미를 헤아려보면 모노노아와레는 인간성, 인간 구제의 어려움, 인생의 무상함에 대한 일종의 감탄사라고 이해하면 될 것이다.

'아와레'라는 단어는 원래 '아, 와레'라고 애절함이나 무상에 대한 감동을 표현하는 감탄사가 엮인 말이다. 구게公家라고 하는 귀족 관료문화가 융성했던 헤이안 시대에 널리 쓰였던 이 '아와레'라는 단어는 가마쿠라 시대를 맞이하면서 음운적으로도 의미적으로도 변화해 무가武家적인 어감의 '압파레(매우 훌륭하다, 통쾌하다는 뜻의 일본어-옮긴이)'라는 단어로 변화했다. 시대의 변화에 맞춰 미적 감성이 변화하고, 그 변화에 호응하는 형태로 언어의 톤도 변화해간다는 지점이 흥미롭다.

《겐지 이야기》에 대해 모토오리 노리나가가 지적한 '모노노아와레'라는 것은 《겐지 이야기》에 헤이안 시대 특유의 '인간성'이 표현되었다는 의미다. 그리고 이는 《겐지 이야기》뿐 아니라 이

른바 명작이라고 불리는 모든 문학작품의 기저에 깔려 있는 것
이다. 무라카미 하루키의 말처럼 훌륭한 문학작품이 '성의 있는
거짓말'을 한다는 것은 설령 거짓말이라고 하더라도 거기에는
'인간성'을 깊이 이해할 수 있는 무언가가 담겨 있다는 뜻이다.

"소설의 훌륭한 점은, 읽고 있는 가운데 '거짓말을 검증하
는 능력'을 익힐 수 있는 것이다. 소설이라고 하는 것은 애초
에 거짓말 더미 같은 것이라 오랫동안 소설을 읽으면 무엇
이 성의 없는 거짓말이고, 무엇이 성의 있는 거짓말인가를
구분하는 능력을 자연적으로 익히게 된다. 이것은 꽤나 도
움이 된다."

무라카미 하루키,《무라카미 씨가 있는 곳》

문학 추천 도서

《1984》

조지 오웰George Orwell

연암서가

《길 위에서On the Road》

잭 케루악Jack Kerouac

민음사

《변신Die Verwandlung》

프란츠 카프카Franz Kafka

생각뿔

《보바리 부인Madame Bovary》

귀스타브 플로베르Gustave Flaubert

생각뿔

《오만과 편견 Pride and Prejudice》

제인 오스틴 Jane Austen

비꽃

《인형의 집 Et Dukkehjem》

헨리크 입센 Henrik Johan Ibsen

더클래식

《죄와 벌 Преступление и наказание》

표도르 M. 도스토예프스키 Фёдор М. Достоевский

열린책들

《천국은 다른 곳에 El paraiso en otra esquina》

마리오 바르가스 요사 Mario Vargas Llosa

새물결

《폭풍의 언덕 Wuthering Heights》

에밀리 브론테 Emily Bronte

더클래식

레토릭의 서랍을 늘리고
'말의 힘'을 익힌다

역사에 이름을 남긴 리더는 능숙한 은유로 비전을 말한다

비즈니스맨 중에는 시를 읽는 것이 취미이며 시를 읽는 것으로 팍팍한 일상에서 벗어날 수 있다고 말하는 사람도 적지 않다. 나도 그중 한 사람이지만, 여기에서는 시를 접하는 순수한 기쁨보다는 지적 전투력을 높인다는 목적에 비추어 생각해보겠다.

결론부터 말하자면, 시를 배우는 의미는 '레토릭의 서랍을 늘리는 것'이다. 레토릭rhetoric은 그대로 번역하면 '수사'라는 단어지만, 알기 쉽게 말하면 '언어를 이용한 능숙한 표현'이라는 뜻이다.

여기에서 특히 중요한 것이 메타포, 즉 비유의 사용법이다. 시는 가장 농밀한 메타포가 담겨 있는 문학작품으로 메타포를 배우는 데 적격이다.

그렇다면 메타포를 배우는 것이 왜 지적인 무기가 되는 것일까? 리더에게 레토릭은 반드시 필요하기 때문이다. 일본에서는 '언어 장인'이라고 하면 왠지 사기꾼 같은 느낌이 난다고 하는 사람이 많다. 하지만 서구에서는 레토릭, 즉 언어를 능숙하게 다뤄 자신의 메시지를 다른 사람에게 전달하는 기술은 리더에게 가장 필요한 소양으로 인식한다.

역사상 최초로 리더십에서 언어의 중요성에 주목한 것은 고대 그리스 시대의 철학자 플라톤이다. 플라톤은 《파이드로스》에서 리더에게 요구되는 언어의 힘에 대해 놀라울 정도로 철저하게 고찰해냈다. 책의 제목인 파이드로스는 원래 소크라테스의 제자 중 한 명의 이름이다. 플라톤은 이 책에서 스승인 소크라테스와 그 제자인 파이드로스의 토론 형태로 리더에게 요구되는 언어의 힘이란 어떤 것인지를 고찰해간다. 이 토론 중 레토릭에 대치되는 개념이 바로 다이얼로그, 즉 대화다.

흥미로운 것은 《파이드로스》에서 소크라테스는 리더에게 레토릭이 필요하다고 주장하는 제자 파이드로스에게 반대하면서 '진실에 이르는 길은 대화밖에 없다'고 설득하고 있다는 점이다. 소크라테스는 레토릭을 일종의 '속임수'라고 보았기 때문이다. 교묘한 말솜씨로 사람을 선동하는 기술은 인심을 호도한다는 것이다. 소크라테스의 이 지적은 히틀러의 연설의 힘을 알고 있는 현재의 우리에게 매우 설득력이 있다.

반면 파이드로스는 그렇다고 해도 교묘한 말솜씨를 구사하는 철학자나 정치가에 대한 사람들의 동경은 분명히 존재하지 않느냐며 '역시 레토릭이 중요하다'고 주장한다. 이 둘의 토론이 《파이드로스》의 핵심이다.

여기에서 비즈니스 리더가 시를 배워야 하는 의미가 부상한다. 레토릭은 '언어를 이용한 능숙한 표현'이지만, 이 '능숙함'은 메타포의 서랍에 의존하는 바가 크다. 역사에 이름을 남긴 과거의 리더들을 되돌아보면, 그들 대부분이 메타포를 능숙하게 사용해 자신의 비전과 메시지를 전달했다는 것을 알 수 있다.

서유럽과 동유럽으로 나뉜 유럽을 '철의 장막'이라고 표현한 윈스턴 처칠, 경영 위기에 빠진 노키아를 '불다오르는 갑판 위'라고 표현한 노키아의 전 CEO 스티븐 엘롭, 기업 재생 중이었던 IBM을 '외부 세계로부터 동떨어진 외딴 섬'이라고 표현한 루이스 거스너 등 그들은 상세한 수치나 번거로운 설명 대신 단 한마디로 자신이 말하고자 하는 메시지의 정수를 표현하고 있다.

리더와 메타포의 관계에 대해 경영학자인 노나카 이쿠지로는 다음과 같이 지적했다.

"메타포는 또 기업 비전의 구축이나 전달에도 유효하다. 메타포로 사업이 나아가야 할 방향, 조직이 존재해야 할 구조 등을 보여줄 수 있다. 지식의 중요성을 이해하는 리더는 이렇게 때때로 메타포를 만들어내는 것을 매우 중요시하고 있다고 말할 수 있다."

노나카 이쿠지로, 곤노 노보루, 《지식 창조의 방법론》

그리고 시라고 하는 것은 고차원의 메타포를 포함하고 있기 때문에 메타포를 배우기에는 최적의 소재다.

"사람들 대부분은 메타포 같은 것이 없어도 아무런 지장을 느끼지 않고 일상을 살아갈 수 있다고 생각한다. 그런데 언어활동뿐만 아니라 사고나 행동에 이르기까지, 일상을 영위하는 온갖 곳에 메타포는 침투해 있다. 우리가 평소에 생각하거나 행동할 때 바탕이 되는 개념체계의 본질은, 근본적으로 메타포에 의해 성립된 것이다."

조지 레이코프,《삶으로서의 은유》

시 추천 도서

《나카하라 쥬야 시선中原中也詩集》

나카하라 쥬야中原中也

보고사

《반복해서 읽고 싶은 일본의 명시 100繰り返し読み
たい日本の名詩一〇〇》

사이즈샤 문예부彩図社文芸部

국내 미출간

《당시 읽기新唐詩選》

미요시 다쓰지三好 達治, 요시카와 고지로吉川幸次郎

창비

《세계의 명시를 다시 읽다世界の名詩を読みかえす》

이요시 미쓰오飯吉光夫

국내 미출간

《시란 뭘까詩ってなんだろう》

다니카와 슌타로谷川俊太郎

국내 미출간

《시의 마음을 읽는다詩のこころを読む》

이바라기 노리코茨木のり子

국내 미출간

《지옥에서 보낸 한철Une Saison en Enfer》

장 니콜라 아르튀르 랭보Jean Nicolas Arthur Rimbaud

그여름

《헝클어진 머리칼みだれ髪》

요사노 아키코与謝野晶子

지만지

《헤세 시집Hermann Hesse Poems》

헤르만 카를 헤세Hermann Karl Hesse

범우사

10. 종교
특정 조직이나 개인의
사고와 행동 양식을 이해한다

혁신의 가능성이 종교에 따라 달라진다

비즈니스맨에게 종교를 배운다는 것은 어떤 의미가 있을까? 물론 '세계정세를 이해하기 위해'라거나 '양식 있는 성인으로서의 교양'이라는 측면도 있다. 하지만 '지적 전투력을 향상시킨다'는 이 책의 목적에 비춰보면 가장 중요한 의미는 어느 종교에 소속된 조직이나 개인의 사고와 행동 양식을 이해할 수 있다는 것이다.

심리학은 불합리한 인간의 행동을 이해하기 위해 중요하다. 인간을 '주위 환경에서 정보를 취득해, 취득한 정보를 과거의 경험과 논리에 기초해 처리하고, 출력된 시사와 예측을 바탕으로 행동'하는 하나의 시스템으로 생각한다면, 이 시스템이 합리적이라면 인간의 행동을 예측하기란 그리 어렵지 않다.

하지만 인간은 극히 불합리한 행동을 한다. 단, 그 '불합리성'에는 일정한 경향이 있기에 이것을 정리해 학문으로 체계화한 것이 심리학이다. 그래서 심리학을 배우는 것은 인간의 행동을 이해하고 예측하는 데 유용하다. 그런데 종교 역시 심리학과 마찬가지로 인간의 행동과 사고 패턴을 이해하는 데 도움을 준다.

인간을 하나의 시스템으로 생각했을 때, 심리학이 인간이라는 정보처리 시스템의 프로세서가 태생적으로 가진 버그나 에러를 연구하는 학문이라면, 종교는 같은 시스템의 OS를 이해하는 데 도움을 주는 학문이라고 보면 될 것이다.

과도한 일반화는 종종 큰 오류의 원인이 되니 주의가 필요하지만, 예를 들어 개신교 국가와 가톨릭 국가, 이슬람교 국가는 거기에 소속된 조직과 개인의 행동이나 세상을 바라보는 사고방식에서 차이가 있다.

예를 들어 나는 '혁신을 일으키는 조직'에 대해 오랫동안 연구를 해왔는데, 혁신을 일으키기 쉬운 조직은 전반적으로 '소통'이 잘 되는 조직이다. 조직 안의 높은 사람이 어떤 아이디어를 제시했을 때 젊은 직원이 아무렇지도 않게 "그건 안 되겠는데요"라고 자기 의견을 말할 수 있는 조직일수록 혁신이 일어나기 쉽다.

그렇다면 모든 조직이 그런 분위기를 목표로 삼으면 되지 않느냐고 할지 모르지만, 실제로는 간단치 않은 문제다. '젊은 사람이 더 나이 많고 직위도 높은 사람에게 반론을 제기할 수 있는' 정도에는 사회마다 큰 차이가 있기 때문이다. 이 가능한 정도를 수치화해서 보면 재미있는 사실을 발견할 수 있다. 우선 상위에는 개신교와 유대교 국가가 위치하고, 그다음으로 불교, 유교, 힌두교, 이슬람교, 마지막으로 가톨릭교 국가로 이어진다. 혁신이라는 것은 보통 기술이나 경영과 관련된 이야기로 연결되지만, 애초에 산업혁명 이래로 주된 혁신이 개신교 국가에서 나오고 있는 것은 우연이 아니다. 개신교 정신이라는 것이 신자에게 요구하는 사고방식이나 행동 양식이 현재 세계의 비즈니스가 요구하는 것과 일치하는 면이 많기 때문이다.

이런 사실을 이해하면, 각 종교가 어떤 교리 체계를 가지고 있으며 신자에게 어떤 사고방식과 행동 양식을 요구하는지를 안다는 것이 얼마나 중요한지 납득할 수 있다.

종교 추천 도서

《선악의 피안에善悪の彼岸へ》

미야우치 가쓰스케宮内勝典

국내 미출간

《신약성경》

대한성서공회 편집부

대한성서공회

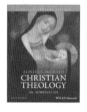

《신학이란 무엇인가Christian Theology》

알리스터 E. 맥그래스Alister E. McGrath

복있는사람

《약속된 장소에서約束された場所で》

무라카미 하루키村上春樹

문학동네

《예수라는 사나이イエスという男》

다가와 겐조田川建三

한울림

《예수의 생애イエスの生涯》

엔도 슈사쿠遠藤周作

가톨릭출판사

《욥에의 대답Antwort auf Hiob》

카를 구스타프 융Carl Gustav Jung

국내 미출간

《일본인을 위한 종교원론日本人のための宗教原論》

고무로 나오키小室直樹

국내 미출간

《컬트 교단 태양 사원 사건カルト教団太陽寺院事件》

쓰지 유미辻由美

국내 미출간

11. 자연과학

새로운 발견과 가설이
비즈니스 문제 해결의 실마리가 된다

***

곤충 연구가 조직의 생산성에 대한 통찰로 연결되다

엔지니어가 연구자가 아닌 한 자연과학 영역에서 얻을 수 있는
지식이 그대로 비즈니스에서 아웃풋으로 직결되기는 힘들다. 하
지만 비즈니스맨이 자연과학 영역의 공부를 하는 것이 의미가
없냐고 하면 그건 절대로 그렇지 않다. 자연과학 영역의 다양한
연구는 비즈니스 영역에서 훌륭한 가설을 구축할 수 있는 통찰
과 시사를 주기 때문이다.

예를 들어 개미집에는 보통 70퍼센트의 일하는 개미와 30퍼
센트의 일하지 않는 개미가 있다. 이 30퍼센트의 일하지 않는 개
미를 집어내 70퍼센트의 일하는 개미만 남겨놓으면 어떻게 될
까? 이 일하는 개미 중에서 다시 일하지 않는 개미가 나온다. 이

현상 자체는 옛날부터 잘 알려져 있지만, 왜 그렇게 되는지는 알려지지 않았다.

하지만 최근에 컴퓨터 시뮬레이션을 이용해 연구한 결과, 의외의 사실이 발견되었다. 모든 개미가 100퍼센트 일하는 개미로 구성된 개미집과, 70퍼센트의 일하는 개미와 30퍼센트의 일하지 않는 개미로 구성된 개미집을 비교해보니 생존 확률은 후자 쪽이 높다는 것이다. 100퍼센트가 일하는 개미라면 위기에 대응할 수 없기 때문이다.

아이들은 개미집에 물을 잔뜩 흘려 넣거나 불꽃을 집어넣는 장난을 치곤 한다. 이럴 때 모든 개미가 일을 하고 있는 개미집에서는 이 위기 대응을 위한 자원을 배분할 수가 없다. 모든 개미가 일하는 개미라는 것은 모든 개미가 '의미 있는 일'을 하고 있다는 것을 의미한다. 이 경우 '의미 있는 일'은 군집의 존속에 필요한 일이라는 뜻이다. 이런 일에 투입된 이상 어떤 사태가 일어나도 자기 일을 팽개칠 수는 없다.

즉, 일하지 않는 개미는 위기 대응을 위해 존재한다고 할 수 있다. 30퍼센트의 일하지 않는 개미를 배제했을 때 남은 70퍼센트의 일하는 개미 중 다시 30퍼센트의 일하지 않는 개미가 생긴다는 것은 '일한다'거나 '일하지 않는다'는 특성은 각 개체에 내재된 속성은 아니라는 것을 의미한다.

이 시사를 조직론에 적용하면 어떨까? 가동률 100퍼센트의 조직에서는 존망이 달린 위급한 상황에 대응할 수 없다는 통찰을 얻을 수 있다. 실제 조직론의 세계에서 그런 연구도 하고 있다.

하버드 경영대학원의 스테판 톰케 교수는 전문직으로 구성된 팀의 가동률과 생산성을 연구해 평균 가동률이 80퍼센트에서 90퍼센트로 올라가면 처리 시간은 두 배 이상이 되고, 가동률을 더 높여 90퍼센트에서 95퍼센트가 되면 처리 시간은 거기에서 두 배 이상 늘어난다는 것을 밝혀냈다.

가동률이 80퍼센트라는 것은 10명으로 구성된 팀 중 2명은 일하지 않는다는 것이다. 가동률 80퍼센트인 팀과 90퍼센트인 팀을 비교해보면 후자의 생산성이 전자의 반 이하밖에 되지 않는다. 이러한 톰케 교수의 지적은 '10명 중 2명이 일하지 않는 팀'과 '10명 중 1명이 일하지 않는 팀'을 비교했을 때 전자가 생산성이 더 높다는 것을 의미하는데, 이는 우리의 자연적인 감각에서는 상당히 위화감이 느껴지는 결과다.

가동률이 올라가면 생산성이 올라간다는 오해는 우리 중 대다수가 '제조업'의 모델로 생산성을 사고하는 습관에 젖어 있기 때문이다. 실제로 톰케 교수는 "제조나 거래 처리처럼 변화가 적고 예외적인 돌발상황이 거의 발생하지 않는, 예측 가능성이 큰 단순 업무에서는 가동률의 높음과 생산성의 상관관계가 존재한다"고 지적한다.

이 개미집의 연구는 하나의 예에 불과하지만, 이처럼 자연과학 영역의 새로운 발견이나 가설이 비즈니스 세계에서 일어나는 일을 설명하는 계기가 되는 일이 적지 않다.

자연과학 추천 도서

《동적평형動的平衡》

후쿠오카 신이치福岡伸一

은행나무

《부분과 전체Der Teil und das Ganze》

베르너 카를 하이젠베르크Werner Karl Heisenberg

서커스

《사이버네틱스Cybernetics》

노버트 위너Norbert Wiener

읽다

《생명이란 무엇인가What Is Life?》

에르빈 슈뢰딩거Erwin Schrödinger

한울

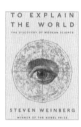

《스티븐 와인버그의 세상을 설명하는 과학To Explain the World》

스티븐 와인버그Steven Weinberg

시공사

《이기적 유전자The Selfish Gene》

리처드 도킨스Richard Dawkins

을유문화사

《이중나선The Double Helix》

제임스 D. 왓슨James D. Watson

궁리

《일하지 않는 개미働かないアリに意義がある》

하세가와 에이스케長谷川英祐

커뮤니케이션북스

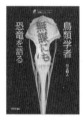

《조류학자, 무모하게도 공룡을 말하다鳥類学者, 無謀にも恐竜を語る》

가와카미 가즈토川上和人

글항아리사이언스

나가며

이 책을 마치기 전에 독자 여러분에게 한 가지 퀴즈를 내보려고
한다.

알베르트 아인슈타인, 찰스 다윈, 그레이엄 벨, 루트비히 비트
겐슈타인, 토머스 에디슨, 라이트 형제에게 공통되는 점은 무엇
일까?

전부 20세기에 각각의 분야에서 '지적 혁명'을 추진한 인물이
기도 하지만, 또 다른 공통점이 한 가지 있다. 그것은 그들이 독
학을 통해 세상에 임팩트를 주었다는 점이다.

아인슈타인이 특수상대성 이론을 비롯한 4개의 중요 논문을
한 번에 써낸 것은 1905년의 일이다. 이때 아인슈타인은 연구 기
관에 소속된 '프로 연구자'가 아니라 스위스의 특허사무소에서
근무하던 '아마추어 연구자'였다.

찰스 다윈은 본업인 지질학 연구를 계속하면서 생물학을 독학으로 익혀 《종의 기원》을 썼다. 음성학 교수로서 본업을 유지하면서 독학으로 전신 연구에 몰두한 그레이엄 벨, 수학을 전공했지만 도중에 철학으로 진로를 바꾼 비트겐슈타인, 초등학교 3개월 차에 퇴학당한 후 신문 배달 등의 직업을 전진하며 독학을 계속해나갔던 에디슨, 자전거 가게를 호구지책으로 삼으면서 꾸준히 동력 비행을 연구해 결국 성공한 라이트 형제 등 혁명적인 업적의 상당수가 '독학자'에 의해 성취된 셈이다.

한편 현재 일본으로 눈을 돌려보면 병적인 '전문가 신앙'이 눈에 띈다. 조직 안에서 '박사학위를 취득한 후 한 길로만 10년'을 보낸 사람이 영향력을 행사하고 있는 것이다. 이들 중 적지 않은 사람들이 조직 내 젊은 층이나 비전문가의 의견이나 제안을 '아마추어의 헛소리'라고 일축하며 결과적으로 조직의 진화를 막는 데 적지 않은 공헌을 하고 있다.

그것은 앞서 말한 독학자들도 당한 일이었다. 아인슈타인의 특수상대성 이론은 학회에서 박사학위도 없는 아마추어 연구자의 논문으로 무시당했고, 벨이 발명한 전화는 장난감이라며 통신업계에서 거절당했으며, 라이트 형제의 발명은 '공기보다 무거운 비행기가 나는 것은 원리적으로 있을 수 없다'며 미국 과학회로부터 오랫동안 무시당해왔다. 라이트 형제가 제작한 최초의 동력 비행기인 라이트 플라이어가 모국인 미국이 아닌 영국에 전시되고 있던 것은 아무런 학력이나 연구 실적이 없는 라이트 형제의 성공을 질투한 미국의 과학 '전문가'들이 미국 내에서 이 비행기의 전시를 계속 거부했기 때문이다.

그렇게 세계의 역사는 '혁명적인 아이디어를 내세우는 독학자'와 그것을 무너뜨리려고 하는 '고루한 전문가'들의 싸움이라는 도식으로 정리할 수 있다고 해도 과언이 아니다. 핵자기공명영상법MRI의 공동 발명자로 노벨상을 받은 폴 라우터버는 "《사이언스》나《네이처》등의 권위 있는 잡지에서 게재를 거절당한 논문을 늘어놓으면 지난 50년 과학의 위대한 업적을 알 수 있다"고 지적했다.

그런데 지금 세계는 독학자에게 있어 다시없는 무대가 되고 있다. 오늘날에는 콘텐츠가 곳곳에 넘쳐난다. 우리는 과거 독학자들이 짊어졌던 핸디캡에서 자유로워졌으며, 자유롭고 유연한 커리큘럼이라는 '독학의 장점'만을 최대한으로 누릴 수 있는 시대에 살고 있다.

부디 독자 여러분이 독학자야말로 세상을 바꾸는 계기를 만들어왔다는 긍지를 가지고 독학자 인생을 걸어주시기를 바란다.

늦여름 하야마 잇시키 해안에서 노을을 바라보며
야마구치 슈

독학은 어떻게 삶의 무기가 되는가
지적 전투력을 높이는 독학의 기술

초판 1쇄 2019년 7월 23일 발행
개정판 1쇄 2024년 6월 28일 발행

지은이 야마구치 슈 옮긴이 김지영
펴낸이 김현종
출판본부장 배소라 편집 최세정 안진영 디자인 곽은선 조주희
마케팅 최재희 안형태 신재철 김예리 경영지원 박정아

펴낸곳 (주)메디치미디어
출판등록 2008년 8월 20일 제300-2008-76호
주소 서울특별시 중구 중림로7길 4, 3층
전화 02-735-3308 팩스 02-735-3309
이메일 medici@medicimedia.co.kr 홈페이지 medicimedia.co.kr
페이스북 medicimedia 인스타그램 medicimedia

ISBN 979-11-5706-357-4 (03190)